Quell Impulse

Der Autor:

Ingolf Christiansen, geboren 1950, ist seit 1988 als Beauftragter für Weltanschauungsfragen in der Evangelisch-lutherischen Landeskirche Hannover tätig. Seit 1996 ist er Mitglied und Sachverständiger der Enquete-Kommission des Deutschen Bundestages »Sogenannte Sekten und Psychogruppen«.

Satanismus

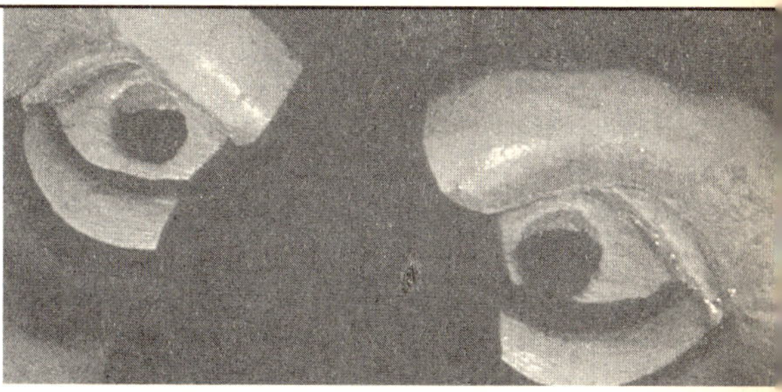

Faszination des Bösen

Ingolf Christiansen

Quell

Originalausgabe

Reihe »Sekten – Sondergruppen – neue weltanschauliche Bewegungen«
Herausgegeben von Hansjörg Hemminger
Band 5

Die Deutsche Bibliothek – CIP-Einheitsaufnahme

Christiansen, Ingolf:
Satanismus: Faszination des Bösen / Ingolf Christiansen, –
Orig.-Ausg. – Gütersloh: Quell, 2000 (Reihe Sekten –
Sondergruppen – neue weltanschauliche Bewegungen; Bd. 5)
(Quell Impulse)
ISBN 3-579-03345-X

ISBN 3-579-03345-X

Umschlaggestaltung: KonturDesign, Bielefeld, unter Verwendung eines Fotos der Bildagentur ZEFA/Image Network, Düsseldorf
Satz: Weserdruckerei Rolf Oesselmann GmbH, Stolzenau
Druck und Bindung: Těšínská Tiskárna AG, Český Těšín
Gedruckt auf chlorfrei gebleichtem Werkdruckpapier
Printed in Czech Republic

Inhalt

Vorwort

Es vergeht kaum ein Tag in der Woche, an dem nicht der Teufel in Fernseh- und Rundfunkprogrammen, in irgendeiner Zeitung oder Illustrierten zum medienwirksamen Gegenstand öffentlichen Interesses gemacht wird. Die Menge der mittlerweile auf den Markt gebrachten Publikationen über Satanismus und verwandte Gebiete ist unzählbar. Warum also eine neue Abhandlung über Satanismus, den schillerndsten und spekulativsten Bereich in der gegenwärtigen religiösen und weltanschaulichen »Randszenerie«?

Man kann sich des Eindrucks nicht erwehren, daß parallel zur zunehmenden Thematisierung von Satan, Teufel und Luzifer in den Medien auch die Unwissenheit und Verwirrung über die Erscheinungsformen des Satanismus in der Öffentlichkeit zunehmen, gleichzeitig aber das sachliche Reflektieren über geeignete Präventivmaßnahmen abnimmt.

Mit diesem Buch wird der Versuch unternommen, sich in einer sachbezogenen und praxisorientierten Aufklärung vom »Beschwichtigen« und »Spekulieren« abzugrenzen. Während die »Beschwichtiger« das Problemfeld satanistischer Praxis marginalisieren und keinen Handlungsbedarf für die staatlichen Ordnungskräfte erkennen können, konstatieren die »Spekulanten« anhand willkürlich erfundener oder übernommener Zahlen eine Bedrohung des christlichen Abendlandes durch satanistische Organisationen.

Eine weitere Gefahr ist nicht zu unterschätzen: Durch Veröffentlichungen zum Thema »Satanismus« können nicht nur »Trends« aufgenommen und verarbeitet werden, sondern durch solche Veröffentlichungen kann es überhaupt erst zur »agenda-setting function of the press«[1] kommen, also zur Produktion von Trends. Nicht nur Medien können solche »Trendsetterfunktion« ausüben. Auch die sogenannten Experten müssen ihren Dienst, ihre Arbeitsweisen und öffentlich gemachten Aussagen sorgsam reflektieren, damit nicht weiter solche Phantasiezahlen wie: »100 000 Jugendliche (in Deutschland; Anm. d. Verf.) sind bereits Satanssekten verfallen...« oder Aussagen wie: »Was mit einer vermeintlich harmlosen schwarzen Messe in der Grufti-Szene beginnt, endet nicht selten mit Folter, Vergewaltigung und gar Mord...«[2] in den Veröffentlichungen herumgeistern.

Naturgemäß kann es nicht die Aufgabe kirchlicher und staatlicher Sektenexperten oder Experten von Betroffenen- und Elterninitiativen sein, bis ins letzte I-Tüpfelchen sozialwissenschaftlich gedeckte Aussagen zu machen, selbst wenn es diese für den Bereich Satanismus schon in ausreichendem Maß gäbe. Es geht vielmehr darum, das berechtigte Anliegen nach Schutz und therapeutischer Hilfe für die Involvierten und Aussteiger und die immunisierende Aufklärung für die »Noch-nicht-Betroffenen« vor Augen zu haben.

In Gesprächen mit und Beratungen von Jugendlichen und Erwachsenen tritt häufig ein anderes Problem zutage. Oft wird man mit »überhöhten«, märchenhaften Erzählungen konfrontiert, so daß das Herauslösen des tatsächlich Geschehenen aus der Phantasie (Fiktion) und der oft zu beobachtenden Wahrnehmungsverschiebung der Involvierten oder Sekundärbetroffenen viel Zeit und

1. Vgl. den Aufsatz von U. Müller, »Zur Konstruktion von Wirklichkeit«, in: Jugend & Gesellschaft 4/1988.
2. Luise Mandau: Satanismus – Die neue Bedrohung, Düsseldorf 1997, Umschlagtext.

Anstrengung in Anspruch nimmt. Hinzu kommt, daß bei einer Vielzahl von Beratungsuchenden eine psychopathologische Auffälligkeit festzustellen ist, die nicht zu Lasten des Wahrheitsgehaltes der gemachten Aussagen gehen muß, aber die Aufklärung doch in erheblichem Maß erschweren kann.

Wieviel an Wahrheit steckt in den oft unglaublichen Berichten von Aussteigern und noch-involvierten Personen über rituelle Praktiken? Was ist von den Funden rituell geschächteter Tiere zu halten? Gibt es »rituellen Mißbrauch« oder sogar »Menschenopferungen« in der Bundesrepublik Deutschland? Was bedeutet die »Arkandisziplin«, und welche Auswirkungen hat es, wenn sie verletzt wird? Wie kann man sich überhaupt mit einer »Satanssekte« einlassen? Das sind einige der häufig unsystematisch gestellten Fragen bei vielen meiner Vorträge und Beratungsgespräche.

Außerdem müssen wir sehr viel genauer als bisher das Lebensgefühl der Jugendlichen und Heranwachsenden in Augenschein nehmen und überlegen, was wir zum Beispiel jener Schreiberin antworten könnten, die sich am 29. November 1991 mit folgenden Zeilen im Gästebuch der St. Albani-Kirchengemeinde zu Göttingen verewigte:

»Die Geburt ist der erste qualvolle Tag
des langsamen Todes ...
Ich habe keine Angst vor dem Tod,
nein, ich habe Angst vor dem Leben,
und die damit verbundene Qual der
Trauer und Unverstandenheit ...
Meine Seele ist schwarz,
mein Gesicht ist weiß,
meine Lippen sind rot,
ich tanze mit dem Tod.
Gegrüßt sei der Erzengel Luzifer. † 666«

Geht unsere Jugend, weil sie sich von den Erwachsenen nicht mehr verstanden und allein gelassen fühlt, zum Teufel?
In diesem Buch wird der Satanismus in erster Linie phänomenologisch wahrgenommen – weniger historisch, denn dafür gibt es genügend gute und informative Abhandlungen auf dem Markt – und praktisch-theologisch reflektiert. Angeboten werden ausführliche Dokumentationsmaterialien als Verstehenshilfen und »Bausteine« für den eigenen Umgang mit dieser Thematik. Hinzu kommen Überlegungen zum seelsorgerischen Umgang mit Betroffenen und deren Angehörigen. Dabei ist zu berücksichtigen, daß der Autor als Beauftragter für Weltanschauungsfragen in der Evangelisch-lutherischen Kirche Hannovers ein apologetisches Vorverständnis mit einbringt.
Ich hoffe, daß in diesem Sinne das Buch all denen eine Hilfe ist, die sich privat oder aus beruflichen Gründen mit der schwierigen Thematik »Satanismus« auseinanderzusetzen haben.

Göttingen, im September 1999

Satanismus: Annäherung an ein Thema

Die erste Feststellung, die wir für den Bereich Satanismus treffen müssen, ist die, daß es »den« Satanismus gar nicht gibt! Satanismus ist, von seiner »Philosophie« oder Weltanschauung und Ritualpraxis her beurteilt, kein monolithischer Block, sondern eher eine Sammelbezeichnung für eine Vielzahl von Vorstellungen und Kulten. Die unterschiedlichsten Traditionen von altägyptischen Mythologien über Kelten- und Wiccakulte, gnostische Vorstellungen bis hin zu westafrikanischen und haitianischen Voodoo-Praktiken oder Ritualen der kubanischen Santeria werden im Satanismus der Neuzeit und Moderne (»Neo-Satanismus«) gemischt und praktiziert. Diese Art von Synkretismus erschwert eine korrekte Definition des Satanismus und eine systematische Ordnung seiner vielen Spielarten.

Am ehesten gelingt eine Kategorisierung, wenn wir die unterschiedlichen satanistischen Strömungen auf ihre phänomenologischen Seiten hin untersuchen, also daraufhin, welches Bild sie jeweils dem Betrachter von außen bieten.[3]

3. Es gibt unzählige Versuche, den unübersichtlichen Komplex des Satanismus mit allen seinen Spielarten mittels Definitionen zu ordnen. Welche Kategorisierungsmodelle gewählt werden, hängt entscheidend von der persönlichen oder beruflichen Herangehensweise der Experten in dieser Frage ab. Berater und Therapeuten, die sich überwiegend

Die zweite Feststellung betrifft eine Beobachtung, die nahezu paradox anmutet: Im Glaubenssystem und in der Ritualpraxis der meisten satanistischen Systeme steht nicht die Figur des Satans (des Teufels, Luzifers) im Vordergrund. Im Mittelpunkt des Interesses an Satanismus steht vielmehr die »Selbstvergottung« des Menschen, die auch das Hauptziel der Ritualpraxis ist. Der Mensch ist das Maß aller Dinge! Die Erkenntnis der eigenen Göttlichkeit wird mit Hilfe von Ritualsystemen vorangetrieben, die unter anderem das orgiastisch-libidinöse Ausleben des menschlichen Urtriebes – der Sexualität – zum Inhalt machen (zum Beispiel in der rituellen Sexualmagie).
Die dritte Feststellung lautet, daß der Satanismus mit seinem Glaubens- und Weltdeutungssystem und mit seiner Ritualpraxis Menschen die Möglichkeit verschafft, mit ihren Mangelerfahrungen in einer gesellschaftlich nicht tragbaren und häufig kriminellen Art und Weise umzugehen. Das Gefühl, über Rituale Power, Macht über Menschen und andere Kreaturen zu bekommen, latent vorhandene Wut auszuleben, Naturgesetze zum eigenen Vorteil verändern zu können, ist für manchen ichschwachen Menschen ein Grund, sich dem Satanismus zuzuwenden. Immer wieder begegnen mir in Gesprächen mit satanismusinvolvierten Personen ihre starken »Minderwertigkeitskomplexe« und der Glaube, diese durch Ritualpraxis überwinden und ihr Ich aufwerten zu können.

mit »rituellem Mißbrauch« im Satanismus beschäftigen, werden eine andere, für ihre Arbeit brauchbarere Klassifizierung satanistischer Gruppen und Organisationen suchen als zum Beispiel kirchliche Weltanschauungsbeauftragte, die sich neben der Seelsorgepraxis auch mit der Phänomenologie unter Einbindung religionsgeschichtlicher und systematisch-theologischer Fragestellungen zu beschäftigen haben.

Ein Berufsschüler aus der metallverarbeitenden Industrie erzählte mir, daß er als Außenseiter in der Klasse, von den Mitschülern physisch und psychisch drangsaliert, ab dem Zeitpunkt in Ruhe gelassen wurde, als er sich durch seinen äußeren Habitus als einen »magisch Praktizierenden« mit »organisatorischem Hintergrund« zu erkennen gab. Der junge Mann war jetzt zwar nicht besser im Klassenverband integriert, aber die Gewalt seitens seiner Klassenkameraden hörte schlagartig auf. Dementsprechend war er vom Funktionieren seiner Ritualpraxis (Magie) felsenfest überzeugt.

Der Trugschluß von der »Ichaufwertung durch die Ritualpraxis« und die Erfahrung von ritueller Gewalt im Alltag satanistischer Praxis ist meines Erachtens mit dafür verantwortlich, daß bei einem Teil der Involvierten in einem nicht unerheblichen Maße psychopathologische Auffälligkeiten (angstneurotische, psychotische und dissoziative Zustände wie MPS[4]) festzustellen sind. Dabei wird die Frage offenbleiben müssen, ob die Ritualpraxis Anlaß und Auslöser oder ob eine vorhandene Disposition der Betroffenen für den psychopathologischen Befund ausschlaggebend ist.

Was läßt sich nun verläßlich über Zahlen im Bereich Satanismus aussagen? Leider nur sehr wenig, denn genaue Zahlen gibt es nicht. Das liegt in der Natur der Sache. Zum Beispiel verhindert das Einhalten der Arkandisziplin (siehe unten die Ausführungen über die Arkandisziplin) eine korrekte Aussage über den Involvierungsgrad von Kindern, Jugendlichen und Erwachsenen in der Bundesrepublik Deutschland. Allerdings lassen sich einige Rückschlüsse aus dem Studium der Szene-Literatur, Aussagen von Aussteigern, Informationsabgleich mit anderen Ex-

4. MPS = Multiples Persönlichkeitssyndrom. Es gehört zum Bereich »dissoziativer Störungen«.

perten, wie auch aus dem Gespräch mit Szene-Aktivisten und Surfen im Internet (hier finden wir das größte Informationsangebot zum Thema Satanismus) ziehen. Der Religionswissenschaftler Hartmut Zinser zeigt in seiner empirischen Erhebung, daß Jugendliche und Erwachsene sich passiv durch Zusehen (0,9 bis 1,9 Prozent) und aktiv (0,6 bis 2,4 Prozent) an Schwarzen Messen beteiligen, wobei die Vorstellung, wie eine »Schwarze Messe« aussieht, von sich »nachts auf dem Friedhof treffen und Wein trinken« bis zu echtem »Ritualwissen« differiert.[5] Meiner Einschätzung nach bewegt sich die Zahl der mehr oder weniger praktizierenden Satanisten zwischen 3000 und 7000, einschließlich satanistischer Black Metal-Fans. Was einen mit Sorge erfüllen muß, ist die Tatsache, daß ein nicht geringer Teil der Involvierten bewußt Straftaten und Ordnungswidrigkeiten beim Praktizieren von Ritualen in Kauf nimmt und gedanklich sogar über Tiertötungen hinausgeht, das heißt ideologisch verbrämte Ritualmorde an Menschen einkalkuliert. Auffällig ist in diesem Bereich die zunehmende Brutalisierung nicht nur der Praktiken, sondern auch des eigenen Denkens. Das Menschenbild hat sich von einem jüdisch-christlichen oder humanistischen zu einem sozialdarwinistischen Bild vom »Wolf unter Wölfen«, wo der Stärkere das Sagen hat und sich dementsprechend durchsetzt, gewandelt. Hinzu kommen oft inhaltliche Nähen zu neofaschistischen Vorstellungen von »Blut und Boden« (Blubo-Komplex), die dem »erhabenen Menschen« (Germanen, Satanisten, Eingeweihten) Lebensraum bieten, und von der Notwendigkeit, der »jüdisch-christlichen Fremdherrschaft« ein Ende zu bereiten.

Einen interessanten Aufsatz mit dem Titel »Satanismus: Die gefürchtete Religion« hat der als Priester und Medi-

5. Vgl. H. Zinser: Jugendokkultismus in Ost und West, München 1993.

ensprecher der Church of Satan agierende Peter H. Gilmore verfaßt. Er beschäftigt sich intensiv mit dem Erscheinungsbild des Satanismus in der heutigen Gesellschaft und kommt zu einer Aussage, die keiner weiteren Kommentierung bedarf:

»Ich werde keine Zeit damit vergeuden, die absurde Behauptung zu widerlegen, daß es eine internationale Verschwörung einer Generation von Satanisten gibt, die darauf erpicht sind, die Welt zu versklaven mit Hilfe von Drogen und der Opferung von Babys, die zu diesem Zweck extra von emotional instabilen Frauen gezüchtet werden. Damit haben sich andere Quellen (CSER Report Satanismus in Amerika) ausreichend beschäftigt. Wir wollen statt dessen den zeitgenössischen Satanismus als das sehen, was er wirklich ist: eine brutale Religion des Elitedenkens und Sozialdarwinismus, die danach trachtet, die Herrschaft der Fähigen über die Idioten wiederherzustellen, der prompten ausgleichenden Gerechtigkeit gegenüber Ungerechtigkeiten und einer pauschalen Zurückweisung der Gleichmacherei als den Mythos, der den Fortschritt der menschlichen Rasse in den letzten zweitausend Jahren gelähmt hat. Ist all das zum Fürchten? Wenn Sie einer aus der Masse der menschlichen Mittelmäßigkeit sind, der bloß als von Medien benebelte Drohne existiert, dann können Sie darauf wetten!«[6]

6. Im Internet veröffentlicht am 01. 01. 1998.

Kleine »Satanologie«: Vorstellungen und Bilder

Altes Testament

Als »Fürst dieser Welt« (Matthäus) besitzt Satan[7] viele Namen.[8] Er ist nicht nur Herrscher der Dämonen und Teufel[9], sondern auch im hebräischen Sprachgebrauch der Beelzebub[10].
Nach der griechischen Übersetzung des Alten Testaments, der Septuaginta, wird Satan als Widersacher, boshafter Gegner oder auch als potentieller Saboteur in den eigenen Reihen (1. Samuel 29,4) bezeichnet. Erst später im Hiob-Prolog erscheint Satan im »himmlischen Hofstaat« Gottes als der »Chefankläger« (Staatsanwalt) der Frommen. Im Alten Testament ist der Satan noch nicht der

7. *Satanas* = Widersacher.
8. Vgl. zur Figur des Teufels in der Bibel die gründliche Darstellung und Interpretation von Klaus Berger: Wozu ist der Teufel da? Stuttgart 1998.
9. *diabolos* von griech. *diaballein* = durcheinanderwerfen, auseinanderbringen, anklagen, Vorwürfe machen, verleumden, täuschen u. ä.
10. Es ist nicht ganz geklärt, welche Bedeutung diesem Begriff zugrundeliegt. Möglich wäre *Ba'al zebub* = Herr der Höhe (Himmelsgott), wahrscheinlicher ist *Ba'al zibbu* = Herr des Kots, Dungs, Götzenopfers, aber auch *Ba'al zevuv* = Gott der Fliegen.

Teufel, der Widersacher Gottes im späteren Sinn des Wortes, auch kein widergöttliches böses Prinzip.
Das ändert sich im Frühjudentum. Der Teufel wird jetzt mit dem Todesengel identifiziert und zum Bösen, zum bösen Trieb umgedeutet. Er versucht, das Verhältnis zwischen Gott und Israel zu (zer)stören oder zumindest die Menschen von Gott abzubringen. »Es ist in einer Baraitha gelehrt worden: der Satan kommt herab und verführt, steigt hinauf und klagt an, nimmt die Vollmacht und nimmt die Seele« (bBB 16a).
In den Qumranschriften wird Belial in einem dualistischen System verankert und als böser Geist (Satan) bezeichnet. Gott hat zwei Geister (Engel) geschaffen, den des Lichts und den der Finsternis, der Feindschaft (1 QM XIII, 12). Unzucht, Reichtum und Verunreinigung des Heiligtums sind die »drei Netze Belials« (CD IV, 15). Die »Geister seines Loses« sind »Verderberengel« (1 QM XI, 8f). Die endzeitliche Vorstellung der Qumrangemeinde spiegelt sich in der Auffassung wider, daß nach der Trennung vom übrigen Volk Belial und seine »Söhne der Finsternis« gegen Israel losgelassen, aber letztlich in einer apokalyptischen Schlacht von Gott in ihre Schranken gewiesen werden (1 QM I, 1.13). In Qumran wird Satan nicht mehr dem himmlischen Hofstaat zugerechnet.

Neues Testament

Im Neuen Testament treffen wir 37mal auf *diábolos*, 36mal auf *satanas* und siebenmal auf *Beelzebub*. Daneben finden sich aber auch andere Bezeichnungen wie Feind, der Böse, Fürst dieser Welt oder Widersacher.

Matthäus berichtet, daß der *diábolos* als »Fürst dieser Welt« seine Herrschaftsansprüche Jesus übertragen will (Versuchungsgeschichte; Matthäus 4,1ff). Da er als »Menschenankläger« seinen Sitz im Himmel hat, betet Jesus für den Glauben seiner »Nachfolger« und lehrt sie das Beten um Erlösung vom Bösen (Vaterunser; Matthäus 6,13). In der Verkündigung und im Handeln Jesu spielt der Satan so gut wie keine Rolle.[11] Er gebraucht kaum einmal das Wort, und wenn er »böse Geister« austreibt, dann sind es Dämonen. Der Dämonenglaube zur Zeit Jesu bot den Menschen die Möglichkeit, ihre Ängste und unbekannte tödliche Gefahren oder Krankheiten zu benennen. Nach dieser Vorstellung ist Jesus »Arzt« und »Heiler« in einem umfassenden Sinn.

Nach Lukas schaut Jesus den »Himmelsturz« Satans, der seiner Anklägerrolle beraubt wird. Jesus besiegt, entwaffnet und gebietet den Teufeln (Heilung der Besessenen; Matthäus 12,27ff). Ganz aber ist Satan noch nicht gebunden, denn Jesus bezeichnet Petrus als Satan, weil Petrus ihn von seinem Gehorsams- und Leidensweg abzubringen versucht (Matthäus 26,16.23 par). Beim Verrat ist Satan in Judas gefahren (Lukas 22,23), und die Finsternis ist seine Stunde (Lukas 22,63).

Das paulinische Schrifttum scheint sich an das dualistische Gedankengut Qumrans anzulehnen (2. Korintherbrief). Gegensatzpaare wie Licht – Finsternis, Christus – Beliar, Gerechtigkeit – Gesetzlosigkeit, gläubig – ungläubig sind ein typisches Merkmal dafür. Satan kann durch sein Wirken viel Unheil, Beschwernisse und Krankheit anrichten (2. Korinther 12,7), er fördert als »Engel des Lichts«[12] libertinistische Gedanken (2. Korinther 11,14) und

11. Vgl. das Interview mit dem Theologen Herbert Haag »Abschied vom Teufel«, in: Skeptiker 3/1999.
12. *Luzifer* = der Lichtbringer.

versucht die Gemeinden (1. Korinther 7,5). Gegen seine Versuchungen helfen nur die Waffenrüstung Gottes (Epheser 6,11.16) und die entschlossene Hinwendung zu Gott (Jakobus 4,7), denn der Teufel hat die Macht über den Tod (Hebräer 2,14). Die johanneischen Schriften kennen den Teufel als Schlange in Anlehnung an die Urgeschichte (1. Mose 3), der Teufel ist der Mörder, Lügner von Anfang an (Johannes 8,44). Menschen, die in seinen Machtbereich kommen, werden »Kinder des Teufels« genannt und übernehmen seine Wesensart, die sich in den gleichen Taten widerspiegelt (1. Johannes 3,8–10).[13]

Mittelalter

Die mittelalterlichen und späteren Vorstellungen vom »Fürsten der Welt« haben stark anthropomorphe Züge; der Teufel wird, dem griechischen Gott Pan ähnlich, in riesiger Bocksgestalt und mit übergroßem gekrümmtem Phallus dargestellt. Manche Darstellungen zeigen ihn auch mit weiblichen Geschlechtsmerkmalen (schlaffe Brüste oder Vagina). Er ist von häßlicher Gestalt. Aus seinem klaffenden Maul kommt schwefelartiger Gestank, und seine Stimme ist laut, heiser und unverständlich. Der Teufel befehligt die »höllischen Heerscharen«, die durch seine Dämonen[14] (aufgrund ihrer Hybris aus dem »himmlischen Hofstaat« entfernte Engel) repräsentiert werden. Sie sind für

13. Vgl. den hervorragenden Artikel von H. Bietenhard im Theol. Begriffslexikon.
14. Griech. *daimon* = »(böser) Geist« bedeutet »Verteiler«, »Zuteiler« (des Schicksals) und wurde als Mittelwesen zwischen Gott und den Menschen angesehen.

Krankheit, Leid, Versagen im persönlichen Bereich des Menschen zuständig und führen den endzeitlichen Kampf gegen die »Söhne Gottes«.
Immer wieder wurde versucht, die »Höllenmächte« hierarchisch zu ordnen:

König: Luzifer
Vizekönig: Belial
Gubernatores: 1. Satan, 2. Beelzebub, 3. Pluto, 4. Asterot
Großfürsten: 1. Aziel, 2. Mephistopheles, 3. Marbuel, 4. Ariel, 5. Aniguel, 6. Anifel, 7. Barfel
Geheime höllische Räte: 1. Abadon, 2. Chamus, 3. Mileas, 4. Lapasis, 5. Merapis
Geheimer Reichssekretär: Milpeza
»Spiritus familiares«: 1. Cinicham, 2. Pimpam, 3. Masa, 4. Lissa, 5. Dromdrom, 6. Lomha, 7. Palasa, 8. Naufa, 9. Lima, 10. Pora, 11. Saya, 12. Wunsclay

1568 zählte Johan Weyer in seinem Werk »De Praestigiis Daemonium« 7 409 127 Teufel, aufgeteilt in 79 Fürstentümer. Für eine Überarbeitung dieses Werkes sorgten Collin und Plancy und schufen 1818 in Paris ein »Infernalisches Lexikon«, aus dem einige bekanntere Teufel aus dem satanischen Hofstaat hier kurz vorgestellt werden sollen.[15]

Abaddon: Der Zerstörer, König der Hölle in der Apokalypse.
Abigor: Hochgestellter Dämon, Experte in allem, was die Geheimnisse des Krieges betrifft.
Adrammelech: Großkanzler der Hölle. Er beaufsichtigt die Garderobe Satans. Angebetet wurde er in der Assyrer-

15. Die folgende Aufstellung wurde entnommen aus: Anna Maria Crispino, »Die Namen des Teufels«, in: Das Buch vom Teufel, Gondrom Verlag, Bari 1986.

stadt Sefar Vaim, wo man Kinder auf seinem Altar verbrannte.

Aguaresso: Er zeigt sich im Gewand eines Edelmannes, der auf einem Krokodil reitet und einen Sperber in der Hand hält. Verleiht Würde, lehrt sämtliche Sprachen und läßt irdische Geister tanzen.

Ammon (Amon, Amun): Sieht aus wie ein Wolf mit einem Schlangenschwanz, speit Feuer. Der zäheste aller Dämonen, kennt die Vergangenheit und die Zukunft und soll von dem altägyptischen Gott Inm abstammen.

Asmodi: Der Verwüster, auch Samael genannt. Einige Rabbiner behaupten, er habe sieben Männer Saras, der Tochter Rachels, umgebracht, noch ehe diese mit ihr die Ehe vollziehen konnten (Tobias III, 8). Manche halten ihn auch für jene Schlange, die seinerzeit Eva verführt habe. Er gilt als Patron der Spielhöllen, leitet an zu Verschwendung und Irrtümern. Dargestellt wird er mit drei Köpfen: der erste ähnelt dem eines Stiers, der zweite dem eines Mannes, der dritte dem eines Widders. Dazu hat er einen Schlangenschwanz, die Füße einer Gans und strahlt von Feuer.

Astarotte: Besonders mächtiger Großfürst der Hölle, stammt ab von der Astarte, der phönizisch-kanaanäischen Göttin der leiblichen Liebe, der Fruchtbarkeit und des Krieges. Sieht aus wie ein häßlicher Engel, erscheint rittlings auf einem infernalischen Drachen und hält in der linken Hand eine Giftschlange. Einige Magier behaupten, daß er das Abendland besetzt hält.

Behemoth: Die Bestie schlechthin, von der das Buch Hiob (40,15) berichtet. Grobschlächtiger, dummer Dämon; seine Kraft liegt in seinen Lenden; sein Betätigungsfeld sind die Naschhaftigkeit und die Genüsse des Magens.

Belfagor: Leitet sich von Baal-Fagor ab, der Gottheit der Moabiter. Bei den Kanaanäern war Baal der Hauptschöpfer der Natur. Er wird in der Bibel zitiert und wurde berühmt, weil die Israeliten während ihrer Wanderung durch die Wüste wohl diesen Baal mit einem orgiastischen Kult verehrten. Eine mittelalterliche Tradition machte ihn zu einem Teufel, der sich auf der Erde eine Frau nimmt, dann aber in die Hölle zurückkehrt, weil er diese den Martern des Ehelebens vorzieht.

Belial: Der Böse, den der 2. Korintherbrief zitiert (6,15). Er leitet sich von Baal ab, gegen den die Propheten des Alten Testaments Drohungen und Verwünschungen auszustoßen pflegten. Angebetet wurde er in Sodom und gilt als Dämon der Päderastie.

Beelzebub: Nach der Heiligen Schrift ist Beelzebub der Fürst der Dämonen, der erste in der Machthierarchie nach Satan und der einzige, der sich ihm, nach Ansicht der Dämonologen-Mehrheit, widersetzen kann. Er gilt als Herrscher des Reiches der Finsternis. In der Beschreibung Palingenes in seinem Zodiaco vitae entspricht die Beschreibung Beelzebubs der klassischen Figur des Teufels: Er hat eine herrliche Statur, trägt um die Stirn ein Feuerdiadem und sitzt auf einem riesigen Thron. Seine Brust ist gebläht, das Gesicht fleischig, die Brauen über den sprühenden Augen sind gekrümmt, sein Atem jagt Schrecken ein. Seine Nasenlöcher sind ziemlich groß, aus seinem Kopf wachsen zwei große Hörner. Dazu ist er schwarz, wie ein Neger, und an seinen Schultern trägt er zwei Fledermausflügel.

Luzifer: Der schönste aller Teufelsnamen. Jesaja bezeichnet Luzifer als den besiegten König Babylons (Jesaja 14,12), aber einige Kirchenväter belegen mit diesem Namen den Teufel. In der Tradition der Apokalypse und einiger apokrypher Schriften ist Luzifer der gefallene Engel, jener Lichtbringer, der die Macht Gottes herausfordert, der Chef der rebellischen Engel.

Leviathan: Er tritt im Buch Hiob auf (3,8; 40,20), und zwar neben der Bestie Behemoth. Das Buch Jesaja stellt

ihn in der Gestalt der Schlange dar (27,1). Er ist das Symbol der Macht ägyptischer Pharaonen. Man ruft ihn an, wenn es in magischen Zusammenhängen um böse Aktionen geht.
Mephistopheles: Eine im wesentlichen literarische Bezeichnung, verbunden mit den Fausterzählungen. Im Wortsinn bedeutet der Name »Feind des Lichts«.
Satan: Der allgemeinste Ausdruck für den Teufel, abgeleitet vom semitischen »satan«: Widersacher, Ankläger, Versucher, Gegner, Feind. Der Teufel als absoluter Fürst des Bösen. Die gleichzeitige Aktivität des Bösen an ganz unterschiedlichen Orten der Erde zwingt zu der Annahme nicht nur einer großen Macht des Teufels, sondern auch der Existenz einer ganzen Armee von Unterteufeln, die ihrem Chef genauso gehorchen wie die Engel Gott.

Andere Kulturen

Von den Teufeln aus anderen religiösen Kontexten sollte man folgende auseinanderhalten:
Chih-Yu: Ein überaus machtvoller Teufel Chinas, definiert als Großer Rebell, Herr des Krieges und Erfinder von Waffen. Seine Knochen sind aus Metall, sein Kopf besteht aus Kupfer, seine Stirn aus Eisen. Er nährt sich auch von Metallen.
Iblis: Der Stolze, lebt in der arabischen Wüste. Man erzählt sich, daß er eine von Allah geforderte Kniebeuge vor Adam, dem Menschen, verweigerte: Er, aus Licht geschaffen, könne sich nicht vor einem Wesen beugen, das nur aus Erde gemacht ist.
Loki: Dämon der germanischen Mythologie, von absoluter Boshaftigkeit. Soll unter anderem verantwortlich sein

für den Mord am Gott Baldr (der anderweitig als Held gilt: Baldur). In der Völuspa (einem Gesang in der Edda) beseelt er die Kräfte, die den Zusammenbruch der himmlischen Welt bestimmen.

Ravana: Indischer Gott, dem die Dämonen Raksesa zu Diensten sind. Es heißt, daß Ravana Sita, die Braut des Gottes Rama, entführt und in seinen Palast in Ceylon gesperrt hat. Rama erbat sich Hilfe von Hanuman, dem Sohn Ventos; nachdem er die Treue Sitas auf die Probe gestellt hatte, erklärte er dem schrecklichen Ravana den Krieg – und gewann ihn.

Seth: Gottheit der Verstörung und Dämon des Gewitters. Seth wohnte im alten Ägypten, doch sein bevorzugter Aufenthalt war offenbar die Wüste Sahara.

Susanoo: Ungestümer Mann, Herr des Gewitters. Der japanische Archipel soll das Ergebnis der seismischen Erschütterungen durch Susanoo sein, als dieser sich zu Amaterasu begab, der Göttin des Himmels und Tochter des Gottes Izanagi.

Satanismus als Religion der Moderne

Seit dem Beginn der Moderne, also mit der Zeit der Aufklärung, verändert sich in einem Teilbereich religiöser Vorstellungen die jenseitsbezogene, auf einen Gott (Monotheismus) oder mehrere Götter (Polytheismus) ausgerichtete Lebenshaltung der Menschen hin zu einer Diesseitsbezogenheit im religiösen Erleben. Religionen mit einem Selbsterlösungs- und Selbstvergottungsprinzip gewinnen an Attraktivität. In diesem Sinne erlebt der Satanismus, im Randbereich säkularer Religiosität angesiedelt, eine Renaissance. Satan wird nicht mehr christlich als Gegenspieler Gottes verstanden, dessen vornehmste Aufgabe es ist, Menschen von Gott weg in seinen Bann zu ziehen, und der endgültig in einem endzeitlichen Akt von Christus und seinen »himmlischen Heerscharen« besiegt wird (Offenbarung 12,9). Vielmehr wird er zunehmend selbst zum Gegenstand religiöser Hoffnungen im Blick auf die irdischen Sehnsüchte von Menschen, die ihre eigene, vitale »Satansreligiosität« leben wollen.[16]

Es fällt auf, daß gerade bei jüngeren Satanisten kaum noch eine religiös-christliche Sozialisation feststellbar scheint; dementsprechend kann das Wissen über christliche Traditionen nur noch, wenn überhaupt, rudimentär

16. Hans-Jürgen Ruppert: Satanismus – Zwischen Religion und Kriminalität, EZW-Texte 140, Berlin 1998.

und gebrochen vorhanden sein, während die älteren Satanisten sehr wohl jüdisch-christliche Inhalte, gepaart mit Versatzstücken aus anderen Religionen, in ihr religiöses und philosophisches System mit einbeziehen. Sie erfahren dort allerdings eine Umwertung oder gar Entwertung, mit der Folge, daß wir es hier mit einer für die Menschen »gefährlichen Religion« zu tun haben. Auch wenn das Satansbild der Anhänger sehr unterschiedlich ist, zum Beispiel Satan als anthropomorphe Größe oder als Ideenkonstrukt zur Stärkung des eigenen Willens, spielt bei allen satanistischen Systemen die Entwertung der moralischen, ethischen und sozialverträglichen Werte eine Rolle, die dann eine Überhöhung (Verklärung) des Bösen zur Folge hat oder in eine (Selbst-)Identifikation mit dem Bösen führen kann.

Einen Bezug zu den christlichen Kirchen gibt es insofern, als der Satanismus als Gegenbild zu diesen, als eine Art »Anti-Gesellschaft«, versucht, das enge Korsett normativen »kirchlichen« Verhaltens mittels exzessiven, rauschhaften, ekstatischen und orgiastischen Auslebens vitaler Kräfte, unter anderem der Sexualität, zu sprengen. Das Argument, daß durch das Verdrängen dieser menschlich nachvollziehbaren Verhaltenswünsche die Kirchen selber den Satanismus produziert und zu verantworten haben, halte ich für nicht ganz stichhaltig, denn es verkennt, daß es in vielen Religionen das Prinzip Gut und Böse, personifiziert in Göttern oder Halbgöttern, gab, obwohl gerade in archaischen Religionen Ekstase oder rituelle Rauschhaftigkeit zu den Essentials religiösen Erlebens gehörten. Trotzdem möchte ich in diesem Zusammenhang auf die bedenkenswerten Überlegungen von Gerhard Zacharias[17] hinweisen, der die Tradition satanistischer Reli-

17. Gerhard Zacharias: Satanskult und Schwarze Messe, 4., erweiterte Aufl., München 1990.

gion durch vier wesentliche Punkte, ergänzt um einen weiteren, bestimmt sieht:

1. Die Grundlage des Satanismus wird durch die starre Polarität von Gott und Teufel im christlichen Glauben geschaffen. In einigen der älteren Gottheiten spiegelte sich »Gutes« und »Böses« in Personalunion. Vom Alten zum Neuen Testament entwickelte sich deren Polarität und setzte sich fort bis in die Neuzeit (Hexenverfolgung usw.). Im Satanismus werden nun die »bösen«, »dunklen« Aspekte der Gottheiten zur Geltung gebracht.
2. Vor diesem Hintergrund gewinnt der Satanismus Züge eines kollektiven Protestes gegen die »göttliche Ordnung«, die das rauschhaft-bacchantische, ekstatische und exzessive Element von Religion verbannt hat.
3. Der Satanismus hat von diesem Hintergrund her eine kompensatorische Bedeutung, da er jene Ausformungen religiösen Erlebens betont, die von der christlichen Moral eliminiert wurden.
4. Der Satanismus trägt somit ambivalente Züge: Zum einen legt er die Finger in die Wunde »christlich-kirchlich« geforderter Einseitigkeit, in der Sinnlichkeit und Sexualität nicht primär Gegenstand biblisch-theologischer Reflexion zu sein hatten, und wenn doch, dann nur im Sinne von Amoralität und Sünde. Zum anderen besteht bei einer Über-Identifikation mit dem Ausgeschlossenen, Vernachlässigten und Verleumdeten der Hang, in die Destruktivität abzurutschen.
5. Christentum und Satanismus, christlicher Kult und Satanskult sind unlösbar aufeinander bezogen. Rituelle Praxis im Satanismus ist dementsprechend unter Verkehrung der Vorzeichen als kultische Negation des Christentums inszeniert.

Aleister Crowley und der »Moderne«-Satanismus

Für den rituellen Satanismus der Moderne ist die Person des Okkultisten und Schwarzmagiers Aleister Crowley (12. 10. 1875 – 1. 12. 1947) von entscheidender Bedeutung. Crowley, im strengen Sinn kein Satanist[18], hielt sich für die Reinkarnation des berühmten Okkultisten Eliphas Levi, obwohl er schon sieben Monate nach dessen Tod geboren wurde. Crowley wuchs in einer bigotten, puritanisch ausgerichteten Familie auf, Mitgliedern der »Plymoth Brethren«. Das eigenwillige und vielleicht schwer erziehbare Kind Edward Alexander wurde von der überforderten Mutter regelmäßig mit dem Attribut »Beast« aus der Johannesapokalypse bedacht (dort ist das »Beast« eines jener Tiere, die die satanische Macht verkörpern; sein Name wird mit der Zahl 666 verschlüsselt; vgl. Offenbarung 13). Diesen »Titel« behielt er bis zum Tode unter der Bezeichnung »To Mega Therion – The Beast 666« bei. Vermutlich

18. Massimo Introvigne: »Auf den Spuren des Satanismus«, in: EZW-Materialdienst 6/1992, S. 166: »... kann man Crowley nicht im eigentlichen Sinn als Satanisten ansehen, weil die okkulten Kräfte, die er erwecken will, nicht mit dem Teufel der Bibel identifiziert werden, von dem er schlicht und einfach feststellt, er existiere nicht (Aleister Crowley: Magic in Theory and Practice, New York 1973, S. 86).« – Ähnlich Eliphas Levi: »Für die Initiierten ist der Teufel keine Person, sondern eine schöpferische Kraft, zum Guten sowohl wie zum Bösen.«

birgt die sexual- und lebensfeindliche Erziehung den Grund für Crowleys sexualmagische Versuche und (Opfer-)Rituale, die in ihrer Perversion (Sodomie, sexueller Mißbrauch und nicht nachgewiesene Menschenopferungen[19]) kaum zu überbieten waren und gegen jegliche gesellschaftlichen und christlich-religiösen Konventionen verstießen. Wahrscheinlich mußte er auch deshalb als »Persona non grata« seine 1920 in Cefalu auf Sizilien gegründete »Abtei Thelema« 1923 wieder verlassen.

Der von Geldsorgen geplagte Crowley versuchte, hemmungslos schmarotzend auf Kosten seiner Anhänger zu leben und reiche Frauen von sich abhängig zu machen, die seine Vorlieben finanziell unterstützten. Vermutlich beschäftigte er sich deshalb auch mit dem Autor Abraham von Worms (gestorben 1458), der unter dem Namen Abra-Melin als Magier sein Unwesen getrieben hatte und angeblich durch eine »magische Operation« des dritten Buches in den Besitz von drei Millionen Goldstücken gelangt war.[20]

Mit Crowley verliert der aus dem französischen Kulturraum stammende Satanismus des 17. Jahrhunderts (Abbé Guiborg, Catherine Deshayes, Madame de Montespan) ebenso wie der literarische Satanismus des 19. Jahrhunderts (Charles Baudelaire, 1821–1867, Arthur Rimbaud, 1854–1891)[21] endgültig seine Bedeutung. Im Gegenzug

19. Aleister Crowley fordert im »Liber Al vel Legis« III, 12-13: »Opfert Vieh, klein & groß; nach einem Kind. Aber nicht jetzt.«
20. Vgl. Harald Baers Aufsatz »Satanismus«, in: Unsere Seelsorge, Okt. 1986.
21. Vgl. die einseitig gefärbten Ausführungen von Joachim Schmidt: Satanismus – Mythos und Wirklichkeit, Marburg 1992, S. 97, 131. Schmidt soll nach Angabe von Guido und Michael Grandt (in ihrem Buch: Schwarzbuch Satanismus, Augsburg 1995, S. 18) der in der Satanismus-Szene be-

nimmt der Einfluß eines vom anglo-amerikanischen Kulturraum geprägten Satanismus zu. Crowley ist bis heute »spiritus rector« und Ideenlieferant für eine Vielzahl von satanistischen Gruppen mit ihren Ritualen geblieben. 1904 erhielt er in Kairo visionär eine Offenbarung von einem »Geistwesen« namens »Aiwaz« (oder auch Aiwass), einem Sendboten »Sets«, des Königs der Verwüstung und Zerstörung und Mörders des Osiris. Die Offenbarung findet ihren Niederschlag im »Liber Al vel Legis« (Buch des Gesetzes) und soll den hereinbrechenden neuen »Äon des Horus« proklamieren. Aus seinem »Liber OZ sub Figura LXXVI«[22] stammen die als thelemitisches Gesetz und als »Crowley-Charta« bekanntgewordenen und bis heute bei den meisten Gruppen (nicht nur den thelemitischen) als heimliches ideologisches Leitmotiv akzeptierten Gedanken:

»Das Gesetz des Starken: das ist unser Gesetz.
Und die Freude der Welt.
Tu was du willst, soll sein das ganze Gesetz.
Du hast kein Recht als deinen eigenen Willen zu tun.
Tue den, und kein anderer soll Nein sagen.
Jeder Mann und jede Frau ist ein Stern.

Es gibt keinen Gott außer dem Menschen.
Der Mensch hat das Recht,
nach seinem eigenen Gesetz zu leben.
Zu arbeiten wie er will,
zu spielen wie er will,
zu ruhen wie er will,
zu sterben wann und wie er will.

kannte »Nadir« sein, der nach Expertenmeinung bekennendes Mitglied des Ordo Saturni ist.

22. Zitiert bei Horst Knaut: Das Testament des Bösen, Seewald 1979, S. 171f.

Der Mensch hat das Recht zu essen was er will,
zu trinken was er will,
zu wohnen wo er will,
zu reisen auf dem Antlitz der Erde wie er will.

Der Mensch hat das Recht zu denken was er will,
zu sagen was er will,
zu schreiben was er will,
zu zeichnen, malen, schnitzen,
ätzen, gestalten und bauen wie er will,
sich zu bekleiden wie er will.
Der Mensch hat das Recht zu lieben wie er will;
auch erfüllet euch nach Willen in Liebe,
wie ihr wollt, wann, wo und mit wem ihr wollt!

Der Mensch hat das Recht
all diejenigen zu töten,
die ihm diese Rechte zu nehmen suchen.
Die Sklaven sollen dienen.
Liebe ist das Gesetz, Liebe unter Willen!«

Hier wird de facto eine Zwei-Klassen-Gesellschaft ausgerufen: die »Gods« und – das Palindrom dazu – die »dogs«. »Die Dogs sollten machtlos dienen, die Gods regieren. Wer nicht erleuchtet ist, gilt als Sklave durch eigenen Willen. Doch sollen unsere Sklaven freie Männer sein. Sie sollen arbeiten, wo sie wollen, wann sie wollen und wie sie wollen. Der Unternehmer mag sie heuern und feuern wie er will. In dieser kontrollierten Anarchie gibt es keine Polizei (jeder sorgt mit Freundeshilfe für seine eigene Sicherheit), keinen Gesundheitsdienst und keinen Schulzwang. Kein Kind muß zur Schule ohne natürliche Neigung. Aufstiegschancen gibt es freilich genug. Wer die schweren magischen Prüfungen packt, kann sogar König werden, aus welcher Kaste er auch immer kommt. Aber die meisten sind ja zufrieden, wenn sie ein Stück Fleisch auf dem Tisch und ein Weib im Bett haben. Jeder tut eben, was er will: Laßt Schuster Schuster sein, Soldaten Soldaten, Physiker Physiker, Priester Priester! Keine Arbeitslosenunterstützung! Wer zu schwach zum Überleben ist, sei verdammt und tot! Amen.«[23]

Dieses thelemitische Gesetz zementierte ein Unterdrükkungssystem, das im Grunde genommen nur einen »God« zuließ, und das war »To Mega Therion – The Beast 666«.[24] Er bestimmte die »Richtlinien der Politik«, und seinen Anordnungen, waren sie auch noch so unsinnig oder gefährlich, mußte unbedingt Folge geleistet werden. Dazu dienten Übungen, die jeder durchlaufen mußte: von der Verpflichtung, das »magical record« zu führen, ein Tagebuch, das Crowley zur Begutachtung vorgelegt werden mußte, bis dahin, daß Zeitunglesen verboten war und Außenkontakte auf ein Minimum reduziert wurden. Die Neophyten (1. Initiationsgrad) durften nicht das Unwort »Ich« gebrauchen. Bei Verletzung dieser Regel mußten sie sich mit einem Rasiermesser Schnitte in den Unterarm zufügen.[25]

Crowley übernahm 1921 die Leitung des O. T. O. (Ordo Templi Orientis) vom damaligen Agenten Theodor Reuß und verlagerte einen Teil der Aktivitäten in die USA nach Kalifornien. In der Folge wurden aus der kalifornischen Sektion 40 »aktive Abteilungen« gegründet, die zum Teil bis heute noch präsent sind. 1947 starb Crowley zweiundsiebzigjährig als Alkoholiker und geistig umnachtet.

23. Josef Dvorak: Satanismus – Schwarze Rituale, Teufelswahn und Exorzismus in Geschichte und Gegenwart, München, 3. Auflage 1994, S. 123f.
24. Ebd.
25. Vgl. Harald Baer, a. a. O., S. 18.

In seinem Tagebuch gesteht er, daß er sich »hervorgetan« hat »durch Verderbtheit und getrunken nach den 333 Regeln des Suffs«.[26]

Als eines der wichtigsten Dokumente des Crowleyschen Denkens, das noch heute in der satanistischen Szene eine überragende Bedeutung hat, gilt das bereits erwähnte »Liber Al vel Legis (AL)«. Deshalb sollen hier einige größere Passagen daraus wiedergegeben werden (Hervorhebung einzelner wichtiger und problematischer Satzpassagen: I. Chr.):

»Kapitel I
1. Had! Die Manifestation von Nuit.
2. Die Entschleierung der Gesellschaft des Himmels
3. Jeder Mann und jede Frau ist ein Stern
10. Laßt meine Diener wenige sein & geheim: sie sollen die Vielen & Bekannten regieren
11. *Diejenigen sind Narren, die Menschen anbeten; ihre Götter & auch ihre Menschen sind Narren.*
15. Nun sollt ihr wissen,
daß der erwählte Priester & Apostel des unendlichen Raumes der Prinz-Priester das Tier ist; und seiner Frau, Scharlach-Frau genannt, ist alle Macht gegeben.
Sie sollen meine Kinder in ihre Herde sammeln: sie sollen den Strahlenglanz der Sterne in die Herzen der Menschen bringen.
20. Der Schlüssel zu den Ritualen liegt in dem geheimen Wort, welches ich ihm gegeben habe.
21. *Für den Gott & den Anbeter bin ich nichts: sie sehen mich nicht. Sie sind gleichsam auf der Erde; ich bin der*

26. Vgl. John Symonds: Aleister Crowley – Das Tier 666, Basel 1983.

Himmel, und da gibt es keinen anderen Gott außer mir und meinem Herrn Hadit.
26. Alsdann spricht der Priester und Sklave der Schönen: Wer bin ich, und welches soll das Zeichen sein? Also antwortete sie ihm, sich herabneigend, eine züngelnde Flamme in Blau, all-berührend, alles durchdringend, ihre lieblichen Hände auf der schwarze Erde, & ihr schmiegsamer Leib zur Liebe gebeugt, und ihre sanften Füße verletzten die kleinen Blumen nicht: Du weißt! Und das Zeichen soll meine Ekstase sein, das Bewußtsein um die ewige Fortdauer des Seins, die Allgegenwart meines Leibes.
30. Dies ist die Schöpfung der Welt, daß der Schmerz der Teilung wie nichts ist, und die Freude der Auflösung alles.
31. Um diese Narren von Menschen und ihr Wehleid kümmere du dich nicht! Sie fühlen wenig; was ist, wird durch schwache Freuden aufgewogen; aber ihr seid meine Auserwählten.
33. Darauf fiel der Priester in eine tiefe Trance oder Ohnmacht & sprach zur Königin des Himmels: Schreib für uns die Prüfungen, schreib für uns die Rituale; schreib für uns das Gesetz!
35. Dies, das du da schreibst, ist das dreifache Buch des Gesetzes.
40.Wer uns Thelemiten nennt, geht nicht fehl darin, so er sich das Wort nur genau betrachtet. Denn darin sind Drei Grade,
der Einsiedler, und der Liebende, und der Mensch der Erde. Tu was Du willst, soll sein das Ganze des Gesetzes.
41. *Das Wort der Sünde ist Begrenzung. O Mann! Weise dein Weib nicht zurück, wenn sie will!*
O Liebhaber, wenn du willst, scheide! Es gibt kein Band, das die Getrennten zu vereinen vermag, außer der Liebe: alles andere ist ein Fluch. Verflucht! Verflucht sei es auf die Äonen! Hölle.

42. Laß (es) den Zustand der Vielheit sein, gebunden und in Abscheu. So mit all deinem; du hast kein Recht, außer deinen Willen zu tun.
50. Ein Wort ist da zu sagen zum Hierophantischen Amte. Siehe! Drei Prüfungen gibt es in einer, und sie mag auf dreierlei Weise gestellt werden: Die Groben müssen durch das Feuer gehen; die Feinen sollen im Intellekt geprüft werden, und die erhabenen Auserwählten im Höchsten. Also habt ihr Stern & Stern, System & System; nicht eines soll das andere gut kennen!
58. *Unvorstellbare Freude gebe ich auf Erden: Gewißheit, nicht Glauben, während des Lebens, um den Tod: unaussprechlichen Frieden, Ruhe, Ekstase; auch verlange ich nichts an Opfer.*
62. Bei all meinen Treffen mit euch soll die Priesterin sagen – und ihre Augen sollen begehrlich brennen, wie sie da nackt und frohlockend in meinem Tempel steht – Zu mir! Zu mir! Das Feuer im Herzen aller dabei in ihrem Liebesgesang erweckend.
64. Ich bin die blau-lidrige Tochter des Sonnenunterganges; ich bin die nackte Strahlenpracht des wollüstigen Nachthimmels.
65. Zu mir! Zu mir!
66. Die Manifestation des Nuit ist zu Ende.

Kapitel II
1. Nu! Das Verbergen von Hadit.
2. Kommt! ihr alle, und vernehmt das Geheimnis, das bislang noch nicht offenbart worden. Ich, Hadit, bin die Ergänzung von Nu, meiner Braut.
6. *Ich bin das Feuer, das in einem jeden Menschenherzen brennt, und im Kern eines jeden Sterns. Ich bin das Leben und der Geber des Lebens, doch darum ist das Wissen um mich das Wissen um den Tod.*
14. Nun laß diesen Schrein verhüllt sein; nun soll das

Licht die Menschen verschlingen und sie mit Blindheit verzehren!
16. Ich bin Die Kaiserin & der Hierophant. Somit elf, wie auch meine Braut elf ist.
18. Sie sind tot, diese Leute: sie fühlen nicht. Wir sind nicht für die Armen und Bekümmerten: die Herren der Erde sind unsere Sippe.
21. *Nichts haben wir gemein mit den Ausgestoßenen und den Jämmerlichen: Sollen sie in ihrem Elend sterben. Denn sie fühlen nicht.*
Mitleid ist das Laster der Könige: tretet nieder die Jämmerlichen & die Schwachen: dies ist das Gesetz der Starken: dies ist unser Gesetz und die Freude der Welt: denke nach, o König, über diese Lüge: Daß Du Sterben Mußt: wahrlich, nicht sterben wirst du, sondern leben.
Also muß es verstanden sein: Wenn der Leib des Königs vergeht, wird er in reiner Ekstase in alle Ewigkeit bestehen. Nuit! Hadit! Ra-Hoor-Khuit!
Die Sonne, Stärke & Licht: diese sind für die Diener des Sterns & der Schlange.
32. Auch Vernunft ist eine Lüge, denn da gibt es einen Faktor unbekannt & unendlich; & all ihre Worte sind verdreht.
35. Die Rituale mögen recht ausgeführt sein mit Freude & Schönheit.
45. Den Tod gibt es für die Hunde.
48. *Bemitleide nicht die Gefallenen! Ich habe sie nie gekannt. Ich bin nicht für sie. Ich tröste nicht: Ich hasse den Getrösteten & den Tröster.*
78. Erhebe dich! denn unter Menschen oder unter Göttern ist niemand dir gleich!
Erhebe dich, o mein Prophet, deine Gestalt soll die Sterne überragen. Sie werden deinen Namen verehren, vierfach mystisch, wundervoll, die Zahl des Menschen; und den Namen deines Hauses 418.

Kapitel III

Abrahadabra! Der Lohn von Ra Hoor Khuit.

3. Nun muß zuerst verstanden sein, daß ich ein Gott des Krieges & der Rache bin. Hart werde ich mit ihnen verfahren.

Eine Kriegsmaschine will ich euch geben.

8. Damit werdet ihr die Völker schlagen; und niemand soll vor euch bestehen.

11. *Dies soll dein einziger Beweis sein. Ich verbiete Wortstreit. Erobere! Das ist genug.*

Ich will dir die Ablösung aus dem schlecht geordneten Haus in der siegreichen Stadt leicht machen. Du selbst sollst sie in Anbetung begleiten, o Prophet, auch wenn es dir nicht gefällt. In Gefahr & Bedrängnis wirst du geraten.

Ra-Hoor-Khu ist mit dir. Verehre mich mit Feuer & Blut; verehre mich mit Schwertern & mit Speeren.

Die Frau soll mit einem Schwert gegürtet vor mich treten: Blut soll in meinem Namen fließen. Stampfe nieder die Barbaren; komm über sie, o Krieger, ich will dir ihr Fleisch zu essen geben.

12. *Opfere Vieh, klein & groß: nach einem Kind.*

13. Aber nicht jetzt.

18. *Erbarmen laßt beiseite: verdammt die, die Mitleid haben! Tötet und foltert; verschont nicht; kommt über sie!*

23. Als Duftstoff mische Mehl & Honig & dickflüssigen Bodensatz roten Weins: dann das Öl des Abramelin und Olivenöl, hernach mach es weich und glätte es mit vollem frischem Blut.

24. *Das beste Blut ist das des Mondes, monatlich: dann das frische Blut eines Kindes, oder Tropfen vom Meßopfer des Himmels; dann das von Feinden; dann das des Priesters oder der Anbeter; schließlich das irgendeines Tieres, gleich von welchem.*

42. Die Prüfungen sollst du selbst überwachen, ausgenommen nur die blinden. Weise niemanden zurück, doch wirst du die Verräter erkennen & vernichten.
Ich bin Ra-Hoor-Khuit; und ich habe die Macht, meinen Diener zu beschützen. *Erfolg ist dein Beweis: kämpfe nicht mit Worten: bekehre nicht: rede nicht zu viel!*
Jene, die versuchen dir eine Falle zu stellen, dich zu stürzen, sie greife ohne Erbarmen und Mitleid an; & vernichte sie vollkommen.
Flink wie eine getretene Schlange winde dich und schlag zu! Sei du tödlicher noch als sie! Ihre Seelen zerre hinab in furchtbare Pein: lach ob ihrer Furcht: spei auf sie!
43. Die Scharlachrote Frau soll sich hüten! Wenn Mitleid und Bedauern und Sanftmut ihr Herz befallen; wenn sie mein Werk verläßt, um mit alter Süße zu spielen: dann wird meine Rache offenbar.
Ich werde ihr Kind erschlagen: ich werde ihr Herz entfremden: ich werde sie ausstoßen von den Menschen: als eine verdorrende und verachtete Hure soll sie durch dunkle feuchte Straßen kriechen und Kälte und Hungers sterben.
51. *Mit meinem Falkenkopf picke ich nach den Augen Jesu, wie er da am Kreuz hängt.*
52. *Meine Schwingen schlage ich in das Gesicht Mohammeds & blende ihn.*
53. *Mit meinen Klauen reiß ich das Fleisch des Inders und des Buddhisten, Mongolen und Din.*
54. *Bahlasti! Ompheda! Ich speie auf eure jämmerlichen Glaubensbekenntnisse.*
55. *Die unberührte Maria werde auf den Rädern zerrissen, um ihretwillen seien alle keuschen Frauen unter euch sämtlich verachtet!*
60. Es gibt kein Gesetz außer Tu was du willst.
63. Der Narr liest dies Buch des Gesetzes, und seinen Kommentar; und er versteht es nicht.
75. Das Ende der Worte ist das Wort Abrahadabra.

Das Buch des Gesetzes ist Geschrieben und Verborgen. Aum. Ha.«

Das Werk »Liber Al vel Legis« ist in der Internet-Ausgabe noch mit einigen Kommentierungen Crowleys versehen, die auf die Brisanz der Gesetzesschrift hinweisen. Crowley hat wohl gewußt, daß er mit seinen Ausführungen kaum die Gesetzeslage europäischer Staaten der damaligen Zeit auf seiner Seite hatte. Auch war es ihm wahrscheinlich bewußt, daß bei Anwendung des »Liber Al vel Legis« psychisch destabile oder leicht zu beeinflussende Menschen Schwierigkeiten bekommen müssen. Deshalb lauteten seine eindringlichen Warnungen:
»Tu was du willst, soll sein das Ganze des Gesetzes.
Das Studium dieses Buches ist verboten. Es ist weise, dieses Exemplar nach dem ersten Lesen zu vernichten.
Wer immer dies nicht beachtet, tut dies auf eigenes Risiko und eigene Gefahr. Diese sind außerordentlich schrecklich.
Jene, welche die Inhalte dieses Buches diskutieren, sollen von allen gemieden werden, wie Zentren der Pestilenz.
Alle Fragen hinsichtlich des Gesetzes sind nur durch Konsultieren meiner Schriften zu lösen, jedermann einzeln für sich selbst.
Es gibt kein Gesetz außer Tu was du willst.
Liebe ist das Gesetz, Liebe unter Willen.

Der Priester der Prinzen
ANKH-F-N-KHONSU«

Typologien und Lexikalisches

Typologien haben neben ihrer guten leider auch eine unangenehme Seite. Denn sie suggerieren, daß man den Satanismus systematisch klassifizieren kann, daß satanistische Organisationen, Gruppen, Logen etc. in Reinkultur vorhanden und dem jeweiligen Typus einfach zuzuordnen seien. In Wirklichkeit können wir das nur ansatzweise wagen und mit dem Wissen um die Kritikwürdigkeit eines solchen Unterfangens. Der Italiener Marcello Truzzi unterteilte den Satanismus in zwei große Kategorien: den unabhängigen »Einzelgänger-Satanismus« und den »Gruppen-Satanismus«, dem er elf weitere Arten zuordnete.[27] Brauchbarer für meine Arbeit ist eine Typologie quer zu dieser soziologischen Unterscheidung von Einzelgängern und Gruppen, eine Kategorisierung, die sich stärker auf symbolische und kulturelle Typen bezieht. Es sei an dieser Stelle noch einmal erwähnt, daß es nicht darum geht, satanistische Organisationen in geeignete Schubladen zu packen, sondern es gilt zu erkennen, welche gemeinsame Phänomenologie die jeweiligen Gruppen, Orden, Kirchen aufweisen.

Doch zunächst eine Auflistung einiger der wichtigen Satanisten-Organisationen, die teilweise weltumspannend präsent sind. Auffällig ist der hohe Anteil von amerikanischen Organisationen, die sich auf europäischem und damit auch auf deutschem Boden tummeln:

27. Vgl. Massimo Introvigne, a. a. O., S. 167.

Bambini di Satana – Italien
Brotherhood of the Ram – USA
Church of all Worlds – USA
Church of Satan – USA
Fraternitas Saturni – Deutschland
GrottoODM – USA
Illuminati of Satan – USA
Nemeton – USA
Order of the Circle – USA
Order of the Evil Eye – USA
Order of Nine Angles – USA
Order of Thelema – USA
Ordo Algolis Interstellaris – USA
Ordo Saturni – Deutschland
Ordo Sisistra Vivendi – Neuseeland
Ordo Templi Orientis – USA
Process Church of Final Judgement – USA
Satan Senate – USA
Shrine of Sothis – USA
Temple of Set – USA
Temple of Truth – USA
The Black Order – Neuseeland
The Chingons – USA
The Four P. Movement – USA
The Infernal Garrison – USA
Thelema-Orden des Argentum Astrum – Deutschland
The Luciferian Light Group – USA
The Worldwide Church of Satanic Liberation – USA[28]

28. Vgl. Thomas Schweer: Stichwort Satanismus, München 1997, S. 73.

Der rituelle Satanismus wirkt kirchen- und ordengründend. Von seinem Lehrgut her ist er als neugnostisch einzuordnen. Das Erscheinungsbild der Logen wird aus dem Freimaurertum entlehnt sein, obwohl die Freimaurer selbst absolut nichts mit dem Satanismus zu tun haben.
Der wichtigste Vertreter dieses Typs ist der schon erwähnte, von den beiden Schweizer Theosophen Karl Kellner und Franz Hartmann 1895 gegründete sexualmagisch ausgerichtete *Ordo Templi Orientis* (O. T. O. = Orientalischer Templerorden). 1912 übernahm der zwielichtige Theodor Reuß den O. T. O. und veränderte die bis dahin eher theosophisch-freimaurerischen Ansätze Kellners hin in Richtung Sexualmagie. Als Vorbild für die sexuellen Exzesse mußten die Templer-Orden des Mittelalters herhalten. Crowley übte einen entscheidenden Einfluß aus, nachdem er 1921 als »Bruder Baphomet« die Leitung des Ordens übernommen hatte, und ließ sich 1924 in Weida/Thüringen als Weltheiland ausrufen.[29]
Nach internen Querelen um die Nachfolge und das Erbe Crowleys scheinen sich zwei Gruppen als legitime Nachfolger durchgesetzt zu haben: der Schweizer O. T. O. unter Führung von Hermann Metzger und der kalifornische O. T. O. des verstorbenen Grady Mc Murthy, der seine Legitimation von Crowley direkt erhalten haben soll.
Heute kann man dem O. T. O. bescheinigen, wieder auf Konsolidierungskurs zu liegen. Gleichwohl dürfte der Mitgliederbestand in Deutschland keine spektakulären Ausmaße angenommen haben. Zu beobachten ist allerdings eine weltweite Zunahme von Neugründungen von O. T.

29. Vgl. A. und F.-W. Haack: Jugendspiritismus und -satanismus, München 1989, S. 23f.

O.-Organisationen. Der internationale Sitz aller O. T. O.-Gruppen ist die US Grand Lodge mit ihrem Leiter, dem Franko-Kanadier William Breeze (Ordensname: »Homo Homini Deus II.«). Die nationalen Organisationen sind im folgenden mit Namen und Ort aufgelistet:

Allala Loge – Köln, Deutschland
Amon-Ra Oasis – Toronto, Canada
Astarte Lodge – Berlin, Deutschland
Ataxia Camp – Trondheim, Norwegen
Australian O.T.O.
Baphomet Lodge – Los Angeles, California/USA
Bennu Oasis – Slowenien
Black Sun Oasis – Akron, OH, California/USA
British Columbia Section – British Columbia/Canada
Bubastis Lodge / Khonsu Thoth Campa / Chango Camp – North Texas/USA
Camp au Coeur d'IAO – OAI – Paris, France
Coph Nia Lodge – Eugene/Springfield, OR, USA
Croation OTO – Kroatien
IAO Camp – Bloomington, Indiana/USA
Kantharos Lodge – Auckland, Neuseeland
Khem Lodge – Rom, Italien
Leaping Laughter Camp – Minneapolis, Minnesota/USA
L.V.X. Oasis – Los Angeles, California/USA
Makhashanah Lodge – Hamburg, Deutschland
93 Lodge – San Clemente, California/USA
OAI Encampment – Kennett Square, PA/USA
O. T. O. in Deutschland/Germany
O. T. O. in Finland
O. T. O. in Norway
O. T. O. in Sweden
Penelous Flame Camp and Knightd Templar Oasis – Bellingham, Massachusetts/USA
Pohjan Neito Encampment – Finnland

Ra-Harakhte Lodge – Jacksonville, Florida/USA
Sekhet-Maat Oasis – Portland, Oregon/USA
Shemesh Lodge – Hastings, England
Star of ISIS Oasis – Burnaby, BC/Canada
Tahuti Lodge – New York, USA
Thelema Lodge – Berkeley, California/USA
Thelesis Camp – Philadelphia, Pennsylvania/USA
Vortex Camp – Tacoma, Washington/USA
William Blake Oasis – Washington, D.C./USA
Yugoslavian OTO[30]

Die sexualmagische Geheimloge *Fraternitas Saturni (FS)* ist eine im Jahre 1926 entstandene, auf den Berliner Okkult-Buchhändler Eugen Grosche, alias Gregor A. Gregorius (1888–1969) zurückgehende Gründung. »Die Fraternitas Saturni – eine Saturnsloge – ist eine wahre, gerechte und vollkommene, geheime und magische Loge«, so sieht es jedenfalls der mit seinem Initiationsnamen genannte Mstr. Giovanni.[31] Das heißt nach alten überlieferten Gesetzmäßigkeiten:
»... eine *wahre (echte)* Loge bilden drei Meister;
eine *gerechte* Loge wird gebildet aus drei Meistern, einem Gesellen und einem Lehrling;
eine *gerechte* und *vollkommene* Loge muß aus mindestens drei Meistern, zwei Gesellen und zwei Lehrlingen bestehen;
eine *geheime* Loge deshalb, weil die Mitglieder sich zu ihren Arbeiten bei verschlossenen Türen versammeln und über alle ihre Arbeitsangelegenheiten strengstes Stillschweigen bewahren;

30. Vgl. Internet: Tranlator's Guild: Links to O. T. O. Bodies, 27. 11. 1998.
31. Mstr. Giovanni: »Die Ausstattung einer Saturnloge«, in: Blätter für angewandte okkulte Lebenskunst, VIII. Jahrgang, Nr. 144/5.

eine *magische* Loge, einerseits werden magisches Weistum und magische Praktiken gehütet und gepflegt, andererseits liegt dem Ritual praktische Magie zu Grunde und wird demzufolge entsprechend zelebriert.«[32]
Die Räumlichkeiten werden wie folgt beschrieben: »Zur idealen Einrichtung einer Saturn-Loge gehören drei Räume:
ein offizieller Versammlungsraum, in dem die Brüder und Schwestern sich vor der Logen-Feierlichkeit zwanglos aufhalten,
ein Raum, in welchem die Logenkleidung angelegt wird bei völligem Schweigen und einer meditativen Haltung,
der eigentliche Logenraum – der innere Tempel der Loge, der möglichst die Form eines Rechteckes haben sollte.«[33]
Im wesentlichen wurden die Lehren des O. T. O. mit dem thelemitischen Gesetz übernommen. In der Fraternitas Saturni beschreitet man den Pfad der Erleuchtung auf initiatorischen Stufen. Allein 33 Initiationsgrade kennt die Fraternitas:

0° – Novize
1° – Lehrling
2° – Scholasticus voluntatis (Schüler des Willens)
3° – Scholasticus verbi (Schüler des Wortes)
4° – Scholasticus vitae (Schüler des Lebens)
5° – Frater/Sorella (Bruder/Schwester)
6° – Servus juri (Diener des Rechts)
7° – Servus templi (Diener des Tempels)
8° – Gradus Mercurii (Grad des Merkur)
9° – Servus pentaculi (Diener des Fünfecks)
10° – Servus tabernaculi (Diener des Tabernakels)
11° – Servus mysterii (Diener des Mysteriums)

32. Ebd.
33. Ebd.

12° – Gradus solus (Grad der Sonne)
13° – Servus selectus imaginationes (Erwählter Diener der Imagination)
14° – Servus selectus magicus (Erwählter Diener der Magie)
15° – Servus selectus elemente (Erwählter Diener der Elemente)
16° – Sacerdos aionnos (Priester der Ewigkeit)
17° – Sacerdos maximus (Höchster Priester)
18° – Magus pentalphae (Eingeweihter der fünf Alphas)
19° – Magus sigilli salomonis (Eingeweihter des Siegels Salomos)
20° – Mag's heptagrammatos (Eingeweihter des Siebenecks)
21° – Magister selectus sapientiae (Auserwählter Meister der Weisheit)
22° – Magister perfectum protestatus (Vollkommener Meister der Macht)
23° – Magister magnificus pneumaticus (Großer Meister der Luft)
24° – Princeps arcani (Fürst der Geheimnisse)
25° – Magister gnosticus (Gnostischer Meister)
26° – Magister aquarii (Meister des Wassers)
27° – Großkomptur
28° – Großkanzler
29° – Großinspektor
30° – Magister maximus Kadosh (Großer Kadosh-Meister)
31° – Magister templarius (Meister des Tempels)
32° – Princeps illustris tabernaculi (Erleuchteter Meister des Tabernakels)
33° – Gradus ordinis templi orientis sarturni (Grad des orientalischen Templerordens des Saturn).

Als Mitgliederpostille, angereichert mit den »Sitzungsprotokollen«, fungierten die »Blätter für angewandte okkulte Lebenskunst«. Der derzeitige Mitgliederbestand ist nicht erfahrbar, scheint aber nach Meinung von Kennern der Szene eher überaltert und ist von daher als stagnierend bis rückläufig einzuschätzen. Einer der Meister der FS ist der Großkanzler »Frater Honorius«, der ehemalige Realschullehrer Dieter Heikaus. Er verließ 1978 die Fraternitas im Streit, um anschließend seinen eigenen Verein, den *Ordo Saturni*, ins Leben zu rufen.
Diskussionswürdig bleibt aber noch ein anderer Punkt bei der Fraternitas Saturni, nämlich die Frage nach Gewaltanteilen in den Ritualen und bei Fehlverhalten von Mitgliedern. In Gesprächen weist man gerne darauf hin, daß man Gewalt an Menschen in jeglicher Form ablehnt. Dem steht ein Interview gegenüber, das der Journalist Horst Knaut mit dem Großmeister der Loge »Janada« alias Walter Jantschik geführt hat.[34] Hier einige Zitate aus dem Interview:

»*Knaut:* Wo finden in Deutschland sexualmagische Riten der FS statt?
Jantschik: Was mir bekannt ist, in Berlin, Frankfurt und Neu-Isenburg.
Knaut: Woher wurde der schwarze Hahn beschafft, der bei Ihnen geopfert wurde? (gemeint ist hier die Einweihung in den 18° Pentalphae; d. Verf.)
Jantschik: Kann ich nicht sagen, nehme an von einem Bauern aus Kelkheim.
Knaut: Sind auch schon andere Tiere geopfert worden?
Jantschik: Schwarze Katzen.
Knaut: Was halten Sie von Menschenopfern?

34. Zitiert bei Guido und Michael Grandt: Schwarzbuch Satanismus, München 1995.

Jantschik: Auch Menschen können geopfert werden... Ich bin für die Opferung von Menschen. Es sollten sowohl Tiere als auch Menschen geopfert werden.
Knaut: In Ihrem Buch ›Therion: Magie‹ sind mehrere Stellen im Kapitel ›Blutopfer‹ unterstrichen. Halten Sie die Beschreibung der Opfer- und Tötungsarten für ein bloß geistiges Verständnis oder für konkrete Anleitungen, die auch in der magischen Praxis vollzogen werden sollen?
Jantschik: Opfer- und Tötungsarten sollten auch in der magischen Praxis vollzogen werden. Siehe auch die FOEC-Loge in den 20er Jahren oder die Schwarzen Messen in Frankreich.
Knaut: Sie sagen, daß Sie sadistische und masochistische Neigungen hätten. Beschreiben Sie Ihre Vorstellungen und Wünsche.
Jantschik: Sadistisch: Auf der Basis von Marquis de Sade. Junge, hübsche Mädchen zu züchtigen ... und quälen und so zum sexuellen Höhepunkt zu gelangen. Auspeitschen, foltern und anschließend lieben. Masochistisch: Wünsche mir eine strenge Erzieherin, die mich zu ihrem Sklaven macht und zwingt, sie anschließend zu lieben.
Knaut: Welches sexualmagische Erlebnis erstreben Sie als einen besonderen Höhepunkt? Bitte beschreiben Sie Ihre Vorstellungen.
Jantschik: Reine Sexualmagie auf baphometisch-satanistischer Basis, kombiniert mit schwarzmagischer Evokation zur Erzeugung eines astralmagischen Egregors oder Vampirs, der für magische Handlungen später eingesetzt werden soll. Aber, wie gesagt, die Partnerin soll sehr hübsch sein, langes Haar haben und vollkommen prädestiniert sein. Es soll eine absolute magische Verschmelzung stattfinden und ein magisches Wesen gezeugt werden.«

Dieses Interview aus dem Jahr 1974 läßt nur den Schluß zu, daß auf jeden Fall bis zum damaligen Zeitpunkt Mitglieder der Fraternitas Saturni in Rituale und Praktiken verstrickt waren, die eine hohe strafrechtliche Relevanz aufwiesen und dementsprechend zur Anklage und Verurteilung hätten führen müssen. Der damalige Leiter des »Temple of Set« Stephen Flowers kommentierte die Vorgänge in der Fraternitas: »Da die Gebiete, auf denen die Brüder und Schwestern der Fraternitas Saturni gelegentlich magische Experimente durchzuführen wünschten, mitunter rechtliche Schwierigkeiten mit sich bringen konnten, oder einfach vom Standpunkt bürgerlicher Moral als geschmacklos betrachtet wurden, errichtete man verschiedene inoffizielle ›Studienkreise‹... Zur einen oder anderen Zeit wurden in derartigen ›Studienkreisen allgemeine sexualmagische Praktiken (besonders solche, bei denen mehrere Sexualpartner oder Partner des gleichen Geschlechts beteiligt waren), Zeremonien, die den Gebrauch illegaler Drogen beinhalteten, sowie Tieropfer ... durchgeführt.«[35]

In der Nachfolge der FS, obwohl zu ihr keine Verbindung besteht, sieht sich die amerikanische *Ancient Brotherhood of Satan (ABS)* und deren Oberhaupt »demon Egan«, ein amerikanischer Jazzmusiker, Filmemacher und Immobilienverkäufer. Die ABS ist Herausgeberin der weltweit vertriebenen Zeitschrift »Brimstone«.

Der *Ordo Saturni (OS)*, 1980 von Dieter Heikaus gegründet, kann als selbständige Tochterloge der Fraternitas Saturni bezeichnet werden. Sie ist thelemitisch ausgerichtet und arbeitet magisch-rituell. Getragen wird der OS von einer »Esoterischen Studiengesellschaft e. V.« in Ankum bei Bersenbrück. Neben Crowley und seinen Schriften gilt die Person des ehemaligen FS-Großmeisters Gregor A.

35. Stephen Flowers, zitiert bei Guido und Michael Grandt, a. a. O.

Gregorius als Leitbild. Nach Elternprotesten mußte Heikaus seinen Schuldienst quittieren und verlegte den Sitz seiner »Esoterischen Studiengesellschaft« von Bersenbrück nach Dortmund, während der Ordo Saturni in Bremen eine neue Residenz aufschlug. Weitere Neugründungen gingen wohl auf das Konto von Heikaus, zum Beispiel der Verein »Weltliches Saturn-Kloster«.[36] Neuere Gerüchte besagen, daß der Ordo Saturni inzwischen aufgelöst sei. Die Mitglieder seien eventuell zu der Fraternitas Saturni gewechselt.

In diesen Zusammenhang gehört auch der *Thelema-Orden des Argentum Astrum*, heute *Thelema Netzwerk*, gegründet durch den 1949 geborenen Michael Dieter Eschner. Eschner behauptet von sich, die Reinkarnation Aleister Crowleys zu sein. Nach Aussage des Frankfurter Führers des Illuminatenordens H. Engler wäre das die sechzehnte bekanntgewordene »Crowley-Reinkarnation«. Außerdem fühle Eschner sich, als das »große Schwein – 666«, der thelemitischen Tradition verpflichtet. Eschner kam aufgrund rituellen Mißbrauchs (unter anderem durch Folter, zum Beispiel Daumennagelbisse) von (Ex-)Mitgliedern und insbesondere wegen sozialhilferechtlicher Angelegenheiten mit der Berliner Justiz in Kontakt. Nach dem Prozeß verlegte er sein Domizil nach Bergen/Dummen in die Lüneburger Heide. Auch hier kam es wieder zum »(rituellen) Mißbrauch« mit Körperverletzung (sexuelle Nötigung mit Anal-Koitus, zweifache Vergewaltigung, Folter mit brennenden Zigaretten im Brustbereich usw.) von ausstiegswilligen Frauen. Diesmal schickte das Gericht Eschner für sechs Jahre ins Gefängnis und ließ ihn in der JVA Uelzen einsitzen. Dank seiner guten Führung brauchte er nur einen Teil seiner Strafe abzusitzen und wurde unter

36. Vgl. Peter R. König: Das O. T. O.-Phänomen, München 1994, zitiert bei Guido und Michael Grandt, a. a. O.

Bewährungsauflagen Ende 1998 auf freien Fuß gesetzt. Eschner ahmte Crowleys Treiben in Cefalu nach und praktizierte selbstverständlich auch dessen Perversitäten. Einstiegswillige mußten unter Betäubung mit Wodka Kot und Urin konsumieren – was als »Lehrabend« oder »Ekeltraining« deklariert wurde –, wodurch sie nicht nur »neue Erfahrungen« machen, sondern auch im Sinne der Organisation und ihres Leiters (Eschner als Abt von Thelema) psychisch umkonditioniert werden sollten. Auch die schon bekannten Rasierklingenschnitte beim Aussprechen des Unwortes »Ich« und die Führung eines »magischen Tagebuches« (magical records) durften nicht fehlen. Selbstverständlich auch, daß niemand Eschner die Leiterschaft streitig machen durfte. Die heutige Mitglieder- und Sympathiesantenszene dürfte sich ausgeweitet haben, zumal nach dem Fall der Mauer ein neues Betätigungsfeld in den östlichen Bundesländern gesucht wird. Der Verlag Evolos, früher Kersken-Canbaz in Bergen, vertreibt das thelemitische Gedankengut, und die zweimonatlich erscheinende Hauspostille »Abrahadabra« (AHA) klärt den geneigten Leser über Internas und Ritualsysteme auf.

Ein typischer Vertreter des rituellen Satanismus ist noch die im Stil einer Kirche aufgezogene *Ecclesia Gnostica Catholica*, deren jeweilige Leiter für ihr »bischöfliches Amt« eine »apostolische Sukzession« in Anspruch nehmen. Sie ist eine Tochtergründung des O. T. O. und hat von Crowley das Ritual (canon missae) übernommen, in dem unter anderen »To Mega Therion, Hermes, Pan, Priapus, Simon Magus, Bardesanes, Roderich Borgia, Papst Alexander VI., Ludovicus, Rex Bavariae, aber auch Crowley selbst« angerufen werden. Die Priesterin entkleidet sich und ruft: »... der nackte Glanz bin ich des wollüstigen Himmels der Nacht. Zu mir! Zu mir!« Und beim Darbringen von Brot und Wein werden die Worte »Touto esti to sperma mou« ausgerufen.[37] Über die Mitgliederstärke dieser »Satanskirche« ist nichts bekannt; sie sollte daher eher zurückhaltend geschätzt werden.

Rationalistischer Satanismus

Der rationalistische Satanismus sieht in Satan keine anthropomorphe Gestalt, sondern eine Chiffre, ein Symbol der Auflehnung gegen den allgemeinen und religiös-ethischen Konsens in der Gesellschaft. Alles, was in der Gesellschaft tabuisiert worden ist, wie Sexualität, Gewalt, Ekstase, ausschweifender orgiastischer Lebensstil, wird wieder eingeführt und damit bewußt ein Bruch mit den gängigen moralischen Vorstellungen provoziert. Hier wird der Satanismus tendenziell zur atheistischen Religion[38], in der das Leben, die Natur und die Vernunft religiös-ideologisch überhöht werden. Liturgien und Rituale des Christentums werden benutzt und ins Gegenteil verkehrt; damit soll die emotionale und reale Absage an christlich-jüdische, messianische Traditionen besiegelt werden.
Als ein typischer Vertreter dieser Richtung kann Anton Szandor LaVey (bürgerlicher Name: Howard Levy) mit seiner am 30. April 1966 (Walpurgisnacht) gegründeten kalifornischen *Church of Satan* gelten. Der »Irdische Vertreter seiner Höllischen Majestät«, so seine Eigenbezeichnung, verfaßte im selben Jahr die »Satanic Bible« mit den neun »Satanic Statements«, die die typische Auffassung des rationalistischen Satanisten LaVey widerspiegeln:

37. Nach A. und F.-W. Haack, a. a. O., S. 21.
38. Vgl. M. Introvigne, a. a. O., S. 169.

»1. Satan repräsentiert das Gewährenlassen anstelle der Abstinenz.
2. Satan repräsentiert das Vitale anstelle leerer spiritueller Träume.
3. Satan repräsentiert unbegrenzte Weisheit statt heuchlerischen Selbstbetrug.
4. Satan repräsentiert freundliches Verhalten einzig denen gegenüber, die es verdienen, anstelle nutzloser Liebe gegenüber Unwürdigen.
5. Satan repräsentiert Rache, anstatt die andere Wange hinzuhalten.
6. Satan repräsentiert bei Auseinandersetzungen die Verantwortlichkeit dessen, der verantwortlich ist, anstelle der Sorge um psychische Vampire.
7. Satan repräsentiert den Menschen als nichts anderes als ein anderes Tier, manchmal besser, aber viel häufiger schlechter als jene, die auf vier Füßen gehen, ein Tier, das mit seiner angemaßten göttlichen Entwicklung intellektueller und spiritueller Art schlimmer als alle anderen Tiere geworden ist.
8. Satan repräsentiert alle sogenannten Sünden, soweit sie physischer, geistiger oder emotionaler Befriedigung dienen.
9. Satan ist der beste Freund, den Kirche jemals gehabt hat, weil sie ihn all die Jahre im Angebot gehabt hat.«[39]

Dazu kamen noch weitere elf zur selben Zeit geschriebene Regeln, die aber damals wegen fehlender Akzeptanz in der amerikanischen Gesellschaft nicht veröffentlicht und nur den Mitgliedern als »Lex Satanicus« (das Gesetz des Dschungels sozialer Wechselwirkung) zur Kenntnis gebracht wurden. Sie enthielten einen Verhaltenskodex,

39. Anton Szandor LaVey: The Satanic Bible, 1966, S. 25.

der in der elften Regel in der Aussage gipfelte: »Wenn du auf offenem Grund unterwegs bist, belästige niemanden. Wenn dich jemand belästigt, bitte ihn, damit aufzuhören. Wenn er nicht damit aufhört, vernichte ihn.«[40]
Den Abschluß bildete eine Liste von neun Punkten, die Verhaltensformen aufzählten, welche als »satanische Sünden« gegeißelt und unbedingt aus dem Dasein von Satanisten eliminiert gehörten:

1. Dummheit,
2. Anmaßung,
3. Solipsismus,
4. Selbsttäuschung,
5. Zugehörigkeit zur Herde,
6. Mangel an Perspektiven,
7. Vergeßlichkeit gegenüber früheren Grundsätzen,
8. Kontraproduktiver Stolz und
9. Mangel an Ästhetik.[41]

Die Church of Satan kennt fünf Initiationsgrade:
1° Satanist bzw. Setian – Bei der Aufnahme in die Church erhält jeder sofort den Grad »Setian«. Keine besonderen Pflichten werden ihm auferlegt. Beim Tempel of Set kann man allerhöchstens zwei Jahre lang den status »Setian« innehaben.
2° Zauberer bzw. Adept – Durch eine Prüfung muß das einfache Mitglied seine Befähigung nachweisen, die Inhalte der »Satanic Bible« anzuwenden, um als Zauberer oder Adept von den jeweiligen Organisationen anerkannt zu werden.
3° Priester von Mendes – In der »Satanic Bible« steht, ein Mitglied könne als »Erwählter« erkannt werden, aber nicht von anderen menschlichen Wesen, sondern von den Mäch-

40. A. a. O., Peter H. Gilmore.
41. A. a. O., Peter H. Gilmore.

ten der Finsternis. Den Führern der Organisation ist vorbehalten, eine »Erwählung« festzustellen und auszusprechen. Der Erwählte kann die Ordination ablehnen oder annehmen. Bei Annahme hat er das Recht, eigene Organisationen ins Leben zu rufen und Initiationen durchzuführen.
4° *Magister* – Je nachdem, welches Wissen, Verständnis und magische Potenz ein Priester in Sachen Satanismus an den Tag legt, erhält er vom Hohenpriester die Ernennung zum »Meister des Gewölbes«, »Meister des Tempels« oder zum »Großmeister«.
5° *Magus* – Dieser höchste Grad soll den Willen des Fürsten der Finsternis selbst reflektieren. Auch hier erhält der Initiierte wie beim 4° besondere organisatorische Befugnisse.
6° *Ipsissimus* – Dieser Grad wurde vom »Temple of Set« hinzugefügt und galt als Ehrentitel für den als Führer zurückgetretenen Michael A. Aquino.[42]

1972 unternahm der ehemalige niederländische Schauspieler Martin Lammers den Versuch, eine mit einem Lehrauftrag versehene »Grotte« in Etersheim zu installieren. Dazu erwarb er eine der ältesten protestantischen Kirchen und funktionierte sie zu einem »Satanstempel« um. Ab 1976 hält sich Lammers in Amsterdam auf und baut im Rotlichtviertel eine Kapelle und betreibt einen Nachtclub mit dem Namen »Walpurgis-Abtei«. Nach vorsichtigen Schätzungen muß man Lammers Gruppe in Holland mit 70 Personen veranschlagen, allerdings dürfte der Kreis der Sympathisanten und Neugierigen knapp den größeren dreistelligen Bereich erklommen haben.
1975 fand das große Schisma statt, aus dem der *Tempel of Set* als wichtigste Gruppierung hervorging. Ärger brach-

42. A. a. O., Thomas Schweer.

te der Vorwurf an die Adresse LaVeys, er verkaufe »satanistische Priesterweihen«. Die Mehrheit der Anhänger der Church of Satan, vermutlich über 500 Priester, wechselte in das Lager von Aquinos Temple of Set.
Heute dürfte die Church of Satan dank der Zunahme von Unterabteilungen weltweit durchaus wieder eine Rolle spielen. Zu ihr zählt sich auch der *Order of the Evil Eye*.
Die Internationalität der Church of Satan läßt sich unter anderem auch in einer der unzähligen Homepages im Internet nachvollziehen. Die »Satanic Links« bieten ein »... passageway to other members of the Church of Satan on the World Wide Web«[43]. Dort werden folgende Grotten aufgelistet:
Aensis Daemonum Garrison,
Asmodeus Grotto,
Hades Grotto,
Grott Virtual Reality,
Legion of Loki,
The Mainblack Grotto,
The Mephisto Grotto,
The Midgard Grotto,
Satan's PlayGround Grotto.
Als Mitglieder der CoS werden unter anderem die Artisten Timothy Patrick Butler, Stephen Kasner, Rex Church, COOP, Steven Johnson Leyba und die Musiker Vincent Crowley (Acheron), Michael Moynihan (Blood Axis), Boyd Rice (NON), Thomas Thorn (Electric Hellfire Club), David Vincent (Genitorturers) benannt. Unter dem Stichwort »Members« werden folgende Homepages aufgeführt:
The Satanic Network,
The Satannet Plaza,
Carl Abrahamson,
Draconis Blackthorne's Shadowmantium,

43. Siehe http://www.coscentral.net/cos/Pages/Links.html.

Kevin Filan Unveiled,
Herbert's Dark Corner of the Web,
Bob Johnson – Gotherotica, Ghostbusting, and more,
The Circus of Dr. Lao,
Hr. Vad's Satanic Homepage,
Ole Wolf's Satanic Website,
The Anton Szandor LaVey Page,
Satanic Media Watch and News Exchange,
Morphine & Daffodils,
Pandora's Box,
Reflections of Grandeur,
Scott West – Satanic Realm,
Satanic Combat Science,
Stella Tenebrarum,
The Inner Realm of Satanism.

Okkultistisch-traditioneller Satanismus

Der okkultistisch-traditionelle Satanismus akzeptiert das Welt- und Geschichtsverständnis der Bibel. Für ihn ist Gott eine nicht zu leugnende Tatsache. Satan, der Gegenspieler Gottes, ist der Herrscher dieser Welt. Seine Power wird sich durchsetzen, und insofern ist das Christentum ein Auslaufmodell. Wir finden bei den Organisationen, Logen, Orden und Gruppen dieses Typus einen ausgeprägten Dualismus vor. Außerdem wird anhand von Indizien versucht, dieses Welt- und Glaubensbild zu stützen. Als Beweise dienen die vielen Kriege in der Welt mit ihren Greueltaten, menschliche Gemeinheiten und gesellschaftliche Brutalitäten.
Ein typischer Vertreter dieser Gattung ist der schon erwähnte *Temple of Set* des Dr. Michael A. Aquino. Durch

die Anrufung des »Fürsten der Finsternis« sucht Aquino eine höhere Legitimation für die Neugründung seiner Organisation. Auch hier, ähnlich wie bei Crowley, bekommt der Visionär Kontakt mit einer »dunklen Gottheit«, die sich als »Set« aus der ägyptischen Mythologie identifizieren läßt und ihm durch Diktat das »Buch des Lebens«, das spätere zentrale Werk des Temple, offenbart.[44] 1975 wird der Temple of Set als gemeinnützige Kirche mit einhergehender Steuerbefreiung staatlicherseits in den USA anerkannt. Aquino, dem die wirklich erfolgreiche Öffentlichkeitsarbeit LaVeys ein Dorn im Auge war, besann sich wieder auf esoterische Traditionen: zum Beispiel keine öffentlich zugänglichen Rituale, Probezeit von zwei Jahren, alle Ämter bleiben Ehrenämter und werden nicht honoriert. Die Gradeinteilung ist ähnlich der bei der Church of Satan, und die Organisation wird vom »Rat der Neun« geleitet, deren Mitglieder wiederum auf neun Jahre gewählt sind. Aquino hatte interessanterweise in den achtziger Jahren ähnliche Schwierigkeiten mit den Mitgliedern seines Temple of Set, die ihm autokratische Tendenzen vorwarfen, wie LaVey mit denen seiner Church of Satan.[45] Seine Lösung war elegant: Er zog sich als »Ipsissimus-Initiierter« auf das Altenteil eines emeritierten Großmeisters zurück und überließ das Feld seinem Nachfolger Steven Flowers, einem texanischen Englischprofessor.

Aquino und der Temple of Set propagierten und praktizierten die »kleine und große schwarze Magie«. In der kleinen schwarzen Magie geht es im wesentlichen um die Anwendung »von einfachen Tricks der Desinformation bis zu extrem subtilen und komplexen Manipulationen psychologischer Faktoren in der menschlichen Persön-

44. Vgl. Joachim Schmidt, a. a. O., S. 173.
45. Vgl. Massimo Introvigne, a. a. O., S.195.

lichkeit«[46], die sich Aquino als Offizier der US-Navy, dort zuständig für Spionageabwehr und Desinformation, während seiner Dienstzeit angeeignet hat. Die große schwarze Magie ist ein in weiten Teilen übernommenes Ritual des »Golden Dawn«. Das Ziel dieses Prozesses wird mit der »magischen« Parole des »Zeitalter des Set« Xeper (= Werde!) eingeleitet. Hier wird mit Hilfe des »Fürsten der Finsternis« (Satan) der Wille des Ritualzelebranten zu höchsten Formen und Stufen der Selbstverwirklichung »kultiviert«.

Andere Orden innerhalb des Temple of Set sind:
Orden des Trapezoids (pflegt einen germanischen Runensymbolismus),
Orden Amn Bast,
Orden des Leviathan,
Orden des Nepthys,
Orden des Vampirs.

Mit der Gruppe *The Black Omen* (T. B. O.) erhalten wir eine »vulgärsatanistische Provinzvariante« des okkultistisch-traditionellen Satanismus. Das Ritualsystem ist einfach strukturiert und wahrscheinlich den Persönlichkeitsstrukturen der Mitglieder angepaßt. Auffällig ist die starke Dominanz des Leiters und die kriminelle Energie, (Ex-)Mitgliedern den Ausstieg aus der Gruppe unmöglich zu machen. Insofern ist das Tagebuch der R.[47] ein wichtiger Beleg für die dunkle, menschenverachtende Seite im Satanismus. Hier wird das häßliche und wahre Antlitz des Satanismus nicht durch einen sich intellektuell gebärdenden und als »bekömmlich« angepriesenen rituellen (Ordens-)Satanismus verschleiert.

46. M. A. Aquino: »Black Magic in Theory and Practise«, in: The Crystal Tablet of Set, S. 5 f., 10ff.
47. Archiv Ingolf Christiansen.

»Tagebuch der R.
Das schwarze Omen (T. B. O.) und seine Sitten

Der Cult T. B. O. ist glaube ich einer der schlimmsten, die ich kenne. Denn ich war mal ein Mitglied von ihm, und weiß von was ich spreche. Das schlimmste was ich durchmachen mußte war das Lösen von dieser Gruppe. Die Jahre, die ich damit verbracht habe, den Teufel anzubeten waren meist fürchterlich. Warum? Weil es mehr und mehr zu einer Sucht wurde, so wie die Zigaretten.

Neue Mitglieder

Um neue Mitglieder zu gewinnen, zieht T. B. O. immer und immer wieder die gewohnte Masche ab:
Anreden auf dem Schulhof oder auf der Straße.
In einem das Interesse zu wecken, sich mehr für Okkultismus (zum Beispiel Kartenlegen ›Tarot‹ oder Gläserrücken) zu interessieren.
Versuchen (einen) zu überreden, ob man nicht Lust hat, an einer ›Schwarzen Messe‹ teilzunehmen.
Wenn der Kult das geschafft hat, einen zu überreden, dann ist es meistens schon zu spät. Denn dann will man sich immer mehr dafür interessieren. Denn nach der ersten Messe fragt man den Neuen, ob er nicht Mitglied werden möchte. Sagt derjenige aber nein, versuchen die Satansanhänger ihn oder sie immer und immer wieder zu überreden, bis man eben ja sagt.

Das Weihen von neuen Jüngern

Genauer gesagt, das Einschweißen von festen Mitgliedern. Wenn man ein paarmal an einer Messe teilgenommen hat, folgt die Taufe der Jünger. Die Taufe beginnt mit einem fürchterlichen Spektakel. Die Oberjünger ziehen sich schwarze Mäntel (Kutten) an. Dann entzünden die mittleren Jünger ein großes Lagerfeuer. Sie geben dem neuen Jünger die Taufkutte, die er sich anziehen muß. Später versetzt der ›Messias‹ den Jünger in Hypnose. Man setzt ihn ca. zwei Meter vom Lagerfeuer weg. Die Oberjünger setzen grausige Masken auf und fangen an, wie wild um den Jünger und das Feuer zu tanzen. Dabei wirbeln sie immer wieder mit Lederpeitschen um sich, um den Neuen mehr und mehr in Trance zu versetzen. Dieses wilde laute Getänzel dauert eine ganze Stunde. Anschließend wird ein Hahn auf dem Opferstein getötet. Das Blut wird in einen Taufpokal hineingegossen und dem Jünger, der immer noch in Hypnose ist, zu trinken gegeben. Damit ist er ›eingeschweißter Satansanhänger‹. Als Erinnerung zur Taufe wird ihm ein Kerzenständer, ein Totenkopf und eine Schatulle mit einer Beschwörungstasse gegeben. Der Totenkopf wird auch ›Tod mit zwei Gesichtern‹ genannt, weil er auf der Rückseite ein Spiegelbild hat.

Hypnose als Drohmittel

Falls einer der ›Jünger der Gemeinde‹ die Lust am Anbeten des Satans verliert wird er in Hypnose durch ein Pendeltrak versetzt.

Mit einer Spritze wird ihm (außerdem) ein Serum gegeben, das sonderbare Wirkung hat. Und die ist so: Nachdem man ihm das Serum gegeben hat, wird er aus der Hypnose geholt. Bevor man ihn gehen läßt, wird ihm noch mit Worten gedroht, wie zum Beispiel: ›Denke daran, daß Satan über große Macht verfügt‹ oder ›Bedenke wir sind Diener des Satans und er bestraft diejenigen, die versuchen, uns und ihm nicht zu gehorchen.‹ Das Serum zeigt erst seine volle Wirkung, wenn man schläft. Man bekommt fürchterliche Alpträume, die man vorher nie hatte. Auch ich hatte leider die Erfahrung damit gehabt.

Voodoopuppen

Solche Puppen verwendet der Kult, wenn man Aussteigern Angst einjagen will, um sie wieder zurückzugewinnen.

Die Strafe für Verräter

Dieses Zeichen ist für Verräter, die den Kult verraten oder versuchten, es zu tun. Mit einem Messer wird ihm auf dem rechten Arm das Teufelskreuz eingeritzt als Erinnerung an seine Mitgliedschaft. Der Strich bedeutet ›ewige Verdammnis‹ in der Hölle. Und der Punkt bedeutet, daß der Ex-Jünger seine Ehre und seinen Stolz auf immer verloren hat. Dann muß er den ›Peinweg‹ durchqueren. Alle Mitglieder stellen sich in zwei Reihen gegenüber auf. Der Verräter muß ihn mit Spucken, Treten, Kratzen und Schimpfwörtern von den anderen durchqueren. Ist oder hat er es (geschafft), gepeinigt durchzukommen, ist die Strafe noch lange nicht zu Ende. Es folgen fürchterliche Strafen, die er über sich ergehen lassen muß. Die ich lieber nicht aufschreiben werde.

Der Kometenflug

Wird im Kult als ›Satansritt‹ bezeichnet. Dieses Ereignis ist für den Kult das wichtigste, was es gibt. Er wird mit großem Spektakel gelobt und gefeiert. Der Grund dafür ist, daß sie glauben, der Teufel selbst würde mit seinem ›Höllenwagen‹ und seinen beiden Ziegenböcken ›Delos‹ und ›Zodar‹ den Himmel überqueren. Der Kometenflug hat ein bestimmtes Zeichen.

Die Opfergaben

Das sind meistens:
schwarze Hähne (zur Taufe),
weiße Hasen,
Katzen,
kleine Hundewelpen (ca. 2 – 4 Wochen).
Im Sonderfall:
weiße Hennen.
Wenn der Kult die ›große Einweihe‹ hat, wird ein schwarzer Hahn und eine weiße Henne geopfert. Das beweist die Stärke des Satans. Die Weihe, nicht der Jünger, sondern des Teufels, wird jedes Jahr im Monat November gefeiert. Wozu sich alle Mitglieder in einem Pentagramm auf den Boden setzen und dabei den legendären Teufelskreis bilden. Die Macht des Teufels, dem Feuerdämon. Die ›Niedrigen Jünger‹ setzen sich in einer schwarzen Kutte gekleidet außen hin. Die ›Oberjünger‹ und die ›Mittleren Jünger‹ bilden den Stern. Und der Messias sitzt in der Mitte. Er ist mit beiden Farben also Rot und Schwarz gekleidet, um seine Stärke zu beweisen.

Das Lösen von der Gemeinde

Das ist das Schlimmste, was ich durchmachte. Ich weiß, daß der Messias versuchen wird, mich zu finden, um mich zurückzuholen. Aber Gott sei Dank habe ich drei bestimmte Freundinnen, die mir im Notfall beistehen werden. Denn

Freundschaftsliebe ist meistens stärker als das Böse. Hoffentlich. R.

Ein Brief von T. B. O. an R.

Diesen Fehler können wir Dir nicht verzeihen R. Oh nein, das können wir nicht. Du hättest dich nicht wieder mit ihnen vertragen sollen. Für diesen Fehler wirst Du noch schwer bezahlen und *wie* Du dafür bezahlen wirst. Denn wir wissen, wie Du verletzbar bist, wenn es um Deine Freunde geht. Entweder Deine Freunde oder T. B. O. Wir erwarten Dich am Mittwoch um 20 Uhr im Zirkel. Ob Du kommst oder nicht ist Deine Sache. Aber denke genau darüber nach, welche Entscheidung Du triffst. Denn du bist und bleibst eine T.B.O. Anhängerin und dienst Mephisto. Du trägst sein Zeichen.
T. B. O.
Denke genau darüber nach (wir erwarten Dich)

Ein Brief von T. B. O. an die Freundin von R.

Hallo I.!
Ich muß Euch beglückwünschen, das ihr euch endlich von R. gelöst habt und ihr eingesehen habt, das diese Freundschaft keinen Wert hat. Endlich steht uns nichts mehr im Wege, um sie ganz zu uns zu holen. Denn sie weiß nicht mehr, was sie tut oder sagt. Dank euch ist sie uns endlich gefüge geworden, sie gehört zu uns. Ich danke euch. Endlich können wir sie auf ihre (neue) Taufe vorbereiten. Dann gehört sie für immer uns. Endlich.
Thomas B. Olsen

Ein Abschiedsbrief von R. an ihre Freundin

Hallo I.!
Wenn Du diesen Brief erhältst, werde ich nicht mehr sein. Ich weiß einfach nicht mehr, was mit mir werden soll. Ich habe keine Achtung mehr vor Gott, seit ich wieder in dem Kult bin. Vielleicht faßt Du das als Scherz auf, vielleicht auch nicht. Aber das ist mein *voller* Ernst. Was soll ich denn noch auf dieser Welt? Ihr könnt die Probleme, die ich habe, ja doch nie verstehen oder ernst nehmen. Es ist auch einfach zu sagen: ›Ich habe keinen Lebensmut mehr.‹ Es hat sich ausgespielt mit meinem Leben. Ich bin heute deshalb nicht mehr zur Schule gekommen. Ich kann einfach nicht mehr. Nämlich wenn ich Euch so fröhlich sehe, weiß ich, daß ich es nicht mehr sein kann. Denn hinter meinem Rücken verhindert das immer wieder T. B. O. oder der Rückfall in den Kult, damit sie Euch nicht belästigen. Spätestens am Donnerstag erfülle ich mein Vorhaben. Sollte ich es nicht tun, dann weiß ich, daß ich dazu keinen Mut habe. Dann bin ich nur noch ein Feigling, der Eurer Freundschaft nicht Wert ist. Aber man weiß ja nie. Vielleicht tue ich es doch. Ich brauchte viel Mut, um diesen Brief zu schreiben, der vielleicht der letzte sein wird. Nämlich, wenn ich zurück denke, habe ich uns vier vor Augen, wie wir zusammen gelacht haben. Die Erinnerung daran, kann mich nur halb davon abbringen.
P.S. Wenn ich am Donnerstag nicht zur Schule komme, weißt Du warum. Und sage es vorher nicht Janine oder Jeanette (bitte). Es ist mein Ernst.
Tschau R.«

Im Luziferismus wird die Gestalt Satans überwiegend positiv gesehen. Er ist in der manichäischen und gnostischen Tradition der »Lichtbringer« und die Personifizierung des unabhängigen und selbstbewußten Geistes. In diesem Zusammenhang sei auf C. G. Jungs »Psychologie des Unbewußten« und seine Idee von den Archetypen (Bildern des kollektiven Unbewußten, zum Beispiel die Gottheiten aus verschieden Mythologien) hingewiesen. Hier »entsteht eine neue Begründung des Polytheismus. Es gibt die Archetypen, die antiken Gottheiten. Es gibt sie subjektiv, aber sie sind auch mehr als reines Produkt der Kollektivseele der Menschheit. Man kann sie verehren, sogar anbeten, denn sie manifestieren und repräsentieren Kräfte, die das Individuum transzendieren. Man kann sie zugleich manipulieren, insofern sie Teile des Individuums darstellen. Die Götter begreifen, heißt sich selbst zu begreifen.«[48] In diesem Zusammenhang wird von einem Teil luziferistischer Satanisten nach C. G. Jung anstatt der Trinität eine Quarternität favorisiert. Neben dem Vater (der Einheit) und dem Heiligen Geist (der Versöhnung) gibt es noch die beiden Söhne Christus und Teufel (der Konflikt). In diesem Sinne wird Luzifer (Satan oder Teufel) dann als vierte Person, Seinsform oder Emanation Gottes verstanden.[49]

Die etwas einfacher strukturierte Variante, seit dem Mittelalter im Umlauf, besagt, daß Luzifer, weil er den Menschen das Licht bringen wollte, um ihnen ihre Göttlichkeit bewußt werden zu lassen, aus »Konkurrenzgründen«

48. J. G. Melton: Magie, Witchcraft and Paganism in America – A Bibliography, New York 1982.
49. Vgl. auch Massimo Introvigne, a. a. O., S. 202.

von Gott (Elohim) aus dem »Himmlischen Hofstaat« entfernt wurde.
In der Gegenwart gibt es noch kleinere, die Öffentlichkeit scheuende Gruppierungen in der Bundesrepublik.

Bei den nächsten sechs Kategorien des Satanismus spielen symbolische oder (religions-)geschichtliche Kriterien für die Klassifizierung keine Rolle. Vielmehr sind ihre Einstufungskriterien im psychosozialen, soziologischen oder kulturellen Umfeld zu suchen.

Acid-Satanismus

Ziel ist es, mit Hilfe von Drogen orgiastische und sadistische Satansriten zu feiern. In diesem Zusammenhang kommt es häufig zu rituellem Mißbrauch von jungen Frauen, zur Gewaltanwendung gegen Tiere und zur Sachbeschädigung von fremdem Eigentum. Der eigene praktizierte Satanismus muß in diesem Bereich durch körperliche Auffälligkeiten (Tätowierung und Pearcing) »proklamiert« werden. Eine der bekanntesten Gruppen ist der *Temple of Psychic Youth*. Aber auch Charles Manson und seine *The Family*, die für die 1969 begangenen Ritualmorde an der Hollywoodschauspielerin Sharon Tate (damals Ehefrau des Regisseurs Roman Polanski) und weiteren Personen haftbar gemacht wurden, gehören in dieses Genre.
Kennzeichnend für diese Bewegung ist die mangelnde Organisationsfähigkeit, ein nur schwach ausgeprägtes Ritualsystem, aber dafür der unbändige Wille, alle gesellschaftlichen Konventionen über Bord zu werfen. »Entweihungen« (Profanierungen) von Kirchen und Vandalis-

mus auf Friedhöfen gehören genauso zu den Kultpraktiken wie das »Feiern« von Tieropfer-Ritualen oder das Begehen von Ritualmorden. Wobei diese als Fanal des Unterganges abendländisch-christlicher Kultur verstanden sein wollen. Bei einigen solcher Fälle ist davon auszugehen, daß die Medien (Fernsehen und Presse) die Folie für das Praktizieren dieser Rituale bieten.

Psychotischer Satanismus

Er ist weder organisiert noch in seinen Ritualpraktiken strukturiert. Psychotische Satanisten sind nach ihrem Persönlichkeitsprofil Einzelgänger. Rituale werden nur allein oder im kleinen Kreis (zwei oder drei Personen) zelebriert. In »Blutritualen« fügt man sich zum Beispiel am Unterarm Schnitte zu, und das so gewonnene Blut wird Satan geopfert. Auslöser der Ritualpraxis können unter anderem »innere Stimmen« sein, die oftmals auf psychopathologische Ursprünge (etwa Psychosen) zurückzuführen sind. So erzählte mir ein junger Mann, daß nach der Durchführung eines Rituals, in dem das aus den Unterarmen der drei Teilnehmer gewonnene Blut Satan geopfert werden sollte, eine Wunde nicht mehr geschlossen werden konnte, da durch den Schnitt eine Vene getroffen war. Die Teilnehmer gerieten außer sich, weil sie annahmen, Satan hole sich jetzt sein Opfer. Seit dieser Zeit hörte der Beratungsuchende Stimmen, die er als Satan identifizierte und die ihm böse Taten auftrugen bis hin zu Mordbefehlen. Wie dieses Beispiel zeigt, ist es nicht auszuschließen, daß es in diesem Bereich zu »wahnhaft« motivierten Straftatbeständen, im Extremfall bis zu Tötungen von Menschen kommen kann.

Privatsatanismus

Hier haben wir es mit Menschen verschiedenen Alters und Geschlechts zu tun, die sich Satan zuwenden, ohne gleichzeitig eine organisierte Struktur akzeptieren zu wollen. Oftmals in ihrer Umgebung als Individualisten verschrien, versuchen sie, ihre »satanistische Philosophie« im Freundes- und Bekanntenkreis zu pflegen. Der Wissensstand ist je nach intellektueller Reife hoch bis sehr hoch. Der »Privatsatanist« beschafft sich Informationen aus Bibliotheken, besucht »Volkskundeseminare« an den Universitäten oder surft im Internet und pflegt über entsprechende Chats (Diskussionsforen) den Austausch mit Gleichgesinnten. Als Ritualvorlagen dienen alte Schriften und Publikationen der bekannten Esoterik- und Okkult-Verlage, wie die berühmt-berüchtigte »Schwarze Reihe« aus dem Richard Schikowski-Verlag Berlin. Die Lebensübergabe an Satan wird durch schriftlich fixierte Schwüre und Eide dokumentiert. Ein Beispiel, das Ende der siebziger, Anfang der achtziger Jahre in der Bundesrepublik kursierte, ist folgender Schwur:

»Im Zeichen des Schöpfers schwöre ich von nun an,
ein gläubiger Diener des höchst einflußreichen Erzengels,
des Prinzen Luzifer, zu sein,
den der Schöpfer als seinen Regenten und Herrn dieser Welt bestimmt hat.
Amen!
Ich leugne Jesus Christus, den Täuscher.
Und ich schwöre dem christlichen Glauben ab
und halte alle seine Werke in Verachtung.
Als ein Wesen, das nun einen menschlichen Körper hat,
schwöre ich,
in dieser Welt meine ganze Treue

dem gesetzmächtigen Meister zu geben,
ihm Gottesdienst zu halten.
Unser Herr [ist] Satan und niemand anderes!
Im Namen Satans, des Herrschers der Welt,
komm her vom Abgrund.
Unter diesen Namen: Satan, Leviathan, Belial, Luzifer.
Ich will den Ziegenbock küssen.
Ich schwöre, mein Bewußtsein, meinen Körper und Seele rückhaltlos zur Förderung der Pläne unseres Herrn Satans zu geben.
Tue was du willst, sei die Fülle des Gesetzes.
Wie es war im Anfang, jetzt und immerdar.
Welt ohne Ende.
Amen!«

Friedrich-Wilhelm Haack hat meines Erachtens recht, wenn er in seinen Anmerkungen zum Satanismus[50] darauf verweist, daß »hinter einer Hinwendung zum Privatsatanismus mit gewisser Wahrscheinlichkeit nicht einzelne Entschlußhandlungen stehen, sondern kombinierte Problemlagen, entstanden etwa aus sozialer Isolation, emotionaler Dissatisfaktion und moralischer Ambivalenz«.

Krimineller Pseudosatanismus

Diese Bezeichnung soll verdeutlichen, daß zunehmend verschiedene Bereiche organisierter krimineller Verhaltensweisen international eine Verbindung eingehen. So kann man im Internet zum Beispiel bei den Homepages

50. Friedrich-Wilhelm Haack: Anmerkungen zum Satanismus, Moonchild-Edition 17, München 1991.

von satanistischen Organisationen sofort auch Links zu Pornographie-Anbietern finden. Nicht erst seit den Ermittlungen gegen den Mörder und Kinderschänder Dutreaux in Belgien kursieren Gerüchte, daß Kinder aus der Pädophilen-Szene an Satanisten oder umgekehrt »vermietet« oder schlimmer noch verkauft werden, um den jeweiligen Abartigkeiten der Gruppenmitglieder in beiden Bereichen zur Verfügung zu stehen. Satanismus ist oftmals in diesem Bereich nur aufgesetzt, um die eigentlichen Absichten zu verschleiern. In diesem Milieu kommt es zu fast allen Arten von halblegalen oder kriminellen Geschäften, vom Verkauf indizierter Spielesoftware über Prostitution bis zu Rauschgift-Deals.

Jugendzentristischer Satanismus

Das ist im Grunde genommen kein echter Satanismus. Jugendliche möchten sich auf allen Ebenen, also auch im kulturellen Bereich, von der Welt der Erwachsenen abgrenzen. Das ist für ihre Entwicklung und Erziehung zur Eigenständigkeit auch äußerst wichtig. Jugendliche werden in der Abgrenzung von der als langweilig, abgesichert, technisiert und durchgestylt, mit wenig Raum für Abenteuer versehenen apostrophierten »Erwachsenenwelt« ihre eigene Identität mit ihren originären Ausdrucksformen suchen. In diesem Zusammenhang spielen Gewaltphantasien durchaus eine Rolle. Häufig wird mir berichtet, in welchen Gegenden es wieder zu »Satansmessen« gekommen sei. Bei genauerer Befragung stellen sich die Behauptungen sehr schnell als »überhöhte« Erzählungen, manchmal als Vermutungen heraus, die mit der Realität nur wenig zu tun haben.

Wodurch unterscheidet sich jugendzentristischer Satanismus vom echten? Er bietet keine Gewähr auf Dauer. Die Gruppen, kaum durchorganisiert, treffen sich sporadisch an für sie geeigneten, oftmals der Allgemeinheit nicht bekannten Orten. Es gibt zwar einen Initiator oder Anführer, aber keine hierarchisch ausgebildete Struktur. Auch sind die Rituale nicht systematisiert oder gar theoretisch fixiert. Alles ist im Fluß.
Als Vorlage für die Ritualpraxis dienen alle möglichen Arten von Literatur (Bücher, Illustrierte, Jugendzeitschriften wie »Bravo«, »Bravo-Girl«), die inhaltlichen Beigaben von CDs, Videos oder Filme wie auch Berichte in den einzelnen Fernsehsendern. Oftmals werden in diesem Rahmen Tieropferungen vollzogen oder es kommt zu »Entweihungs-Ritualen« (Profanierungen) in und an Kirchen oder zu einem fanalistischen Friedhofsvandalismus. Manche »Sprühaktionen« an Hauswänden oder Strom- und Schaltkästen werden aus einem jugendzentristischen Ansatz aus dem Bedürfnis einer Abgrenzung zur Erwachsenenwelt heraus geschehen sein. Hier sollte man mit einer vorschnellen Kriminalisierung der Jugendlichen recht vorsichtig sein.

Black Metal als eine Form des Kultursatanismus

Leider gibt es für diesen Bereich kaum brauchbare und gute Veröffentlichungen in Deutschland, von ein paar Aufsätzen einmal abgesehen. Die meisten Abhandlungen beziehen sich mehr oder weniger auf spektakuläre Quellen. Selbst heute geistert noch die Veröffentlichung von U. Bäumer »Wir wollen nur deine Seele. Rockmusik und

Satanismus – Daten, Fakten, Hintergründe« mit seinen teilweise willkürlichen Schlußfolgerungen durch deutsche Buchhandlungen. In dieser Abhandlung identifiziert der Autor Bands wie die *Rolling Stones*[51], *AC/DC*, *Led Zeppelin* oder *Eagles* undifferenziert als Wegbereiter oder Involvierte des Satanismus. Bäumer liegt nicht nur linguistisch daneben, denn Satanismus war nicht das Problem der Rockmusik, er ergeht sich auch in spekulativen Hypothesen, deren Beweis er nicht anzutreten vermag.

Der Name »Black Metal« bezieht sich auf die zweite LP der Gruppe *Venom* aus dem Jahre 1982; insofern kommt dieser Band auch für den heutigen Black Metal, ein Subgenre des »Heavy Metal«, eine gewisse (Kult-)Bedeutung zu. Die ursprünglich »satanistischen« Inhalte der Bands Anfang der achtziger Jahre wurden überlagert durch Endzeitthemen Mitte bis Ende der achtziger Jahre und mündeten in den »Trash Metal«, der gekennzeichnet ist durch Destruktion, Blasphemie, Perversion, Gewaltphantasien und Zerstörungswut. Anfang der neunziger Jahre erscheint als neues Subgenre der »Death Metal« mit dem für ihn typischen »kehlkopfkrebsartigen Gesang« und den auf Baß heruntergestimmten Gitarren. Inhaltlich werden jetzt Tod und Nekrophilie mit allen ihren perversen Spielarten, aber auch wiederum – im »neuen« Black Metal – »Satanismus« thematisiert.

Als Beispiel diene der Text »Seven Churches« von der Gruppe *Possessed:*

51. U. Bäumer: Wir wollen nur Deine Seele, 9. Auflage, Bielefeld 1992. Hier überschreibt er in Anlehnung an den Rolling Stones-Titel »Sympathy for the Devil« ein Kapitel mit »Symphatie für den Teufel«, ohne bei dieser »Übersetzung« die idiomatische Bedeutung von *sympathy for* (nämlich »Mitleid mit«), die im Text der Stones deutlich Anwendung findet, zur Kenntnis zu nehmen.

»heilige hölle
heilige hölle – tod für uns
satansfell unheilige lust
teufelswasser beginnt zu fluten
gott ist geschlachtet trinkt sein blut

der wirkliche glaube ist ganz nah
wir müssen in satans land gehen
raub des todes und schrei des lebens
sensenmanns atem wird neues leben hauchen

satans sohn ist neu geboren
dem tod verschworen
tage von hass und tage von schmerz
ewigkeit für satans herrschaft

endlose träume nachts
ewiger schlaf ewige angst
geschändete kreuze oh schwarze messe
der satan regiert auch mich zuletzt

ganzer himmel ganze erde
du wirst deinen gott treffen
angekettet in folter
schmerzgefesselt wie ein hund
böse tage böse nächte
schwarz wie der tod
sünderherzen aus stein
sensenmanns atem

da war blut und schmerz
da war ekstase
gier nach magie hexengier
zauberei

spür die macht spür die glut
tief da unten
töte leute kille sie
nimm ihre seele
geschwärzte messen geschwärzte kreuze
ritual ab die köpfe kehlen durch
nimm den sündenfall auf dich.«

Ein inhaltlich wichtiges Motiv wird im nächsten Text angesprochen, die (rituelle) Tötung kleiner Kinder. Schon in A. Crowleys »Liber Al vel Legis« wird darauf hingewiesen, daß ein neugeborenes männliches Kind das wohlgefälligste Opfer für Satan sei. Kerry King von der Gruppe *Slayer*, USA, nimmt die damit verbundene Crowleysche »Blut-Lehre«, daß das Blut, als Sitz des Lebens, die meisten Kräfte enthält, in seinem Stück »Kill again« (Töte noch einmal) auf und pervertiert sie ins »Splatter-Niveau«.

»Ich laure im düsteren Nebel
hungrig nach deinem Blut
suche harmlose Opfer
um meine Bedürfnisse zu befriedigen

Schizophrener Irrer
unkontrollierte Gier
Vergewaltigung und Verwüstung
schöne Dame zum Tode bestimmt

Chor

Kein offenbares Motiv
Nur töten und wieder töten
Überlebe nur mein brutales Peitschen
Ich werde dich bis zum Ende jagen
Mein Leben ist ein ständiger Kampf

Die Wut vieler Menschen
Menschenmordender Verrückter...

Gefangen in tödlicher Einsamkeit
Hebe die glänzende Schneide hoch
Schlitze ihr Fleisch auf in Streifen
Schau das frei strömende Blut

Der Haß wird stärker
Keiner soll meinen Zorn überleben
Leide unter dem bohrenden Schmerz
Gib mir dein Leben

Chor

Führe – Hannemann, König,
Hannemann, König

Töte den einzigen Sohn des Predigers
Schau zu wie das Baby stirbt
Das Auseinanderreißen der Glieder
Trink das reinste Blut

Erbarmungsloser Drang zu töten
Tod über dich
Der du der nächste bist
Der in der Reihe wartet.«

Daß Kerry King von *Slayer* ein okkult-satanistisches Weltbild propagiert, wird im Text »Hell awaits« deutlich. Seinen traditionell-satanistischen Vorstellungen liegt ein dualistischer Ansatz zugrunde, dem zufolge in der endzeitlichen Schlacht Gott und seine Engel Satan unterliegen und ihm in der Hölle dienen müssen.

»Der Priester, der am Rande der Verdammnis lebte
Hatte niemals ein so gewaltiges Schauspiel gesehen
Von gestürzter Macht

Ziellos kämpfende Engel
Die still durch das Schwert starben
Unsere Legionen, die alles, was sie sahen, töteten
Um denjenigen zu fassen
Der Herr genannt wird

Die Pforten der Hölle warten wie du siehst
Du mußt nichts bezahlen, folge mir nur nach
Ich kann deine verlorene Seele aus dem Grabe nehmen
Jesus weiß, daß deine Seele nicht gerettet werden kann

Kreuzigt den sogenannten Herrn
Er wird mir bald zufallen
Eure Seelen sind verdammt
Euer Gott wird sich in Ewigkeit
Für mich schinden müssen
Die Hölle wartet

Der Sensenmann soll die finsteren Pforten bewachen
Die Satan sein Zuhause nennt
Dämonen füttern den Ofen, wo
Die Toten frei sind umherzustreifen

Einsame Kinder der Nacht
Es gibt sieben Wege zu gehen
Jeder einzelne führt zu dem brennenden Ganzen
Das Luzifer kontrolliert

Priester des Hades suche den heiligen Stern
Satan sieht, daß die Antwort nicht fern ist
Die kreischenden Seelen von Zombies schreien dich an

Satanische Gesetze haben die Oberhand,
dein Leben ist vorbei

Bete zum Mond ... wenn er voll ist
wird der Tod in der Fülle bei dir sein
was du suchst ... kann man nicht finden
weder im Meer noch im Himmel, noch unter der Erde

Führe – Hannemann

Jetzt habe ich dich tief in meiner ewigen Gruft
Die sieben blutigen Pforten der Hölle
Sind der Ort, wo du enden wirst

Krieger aus dem Reich der Hölle
Werden dich zum Tode führen
die Flammen des Hades brennen stark
deine Seele wird nie Ruhe finden

Chor – erster
Opfere die Leben von all denen, die ich kenne
sie sollen bald sterben
ihre Seelen sind verdammt in der Hölle verrottet
und das Feuer wachsen zu lassen tief drinnen
die Hölle wartet ...
Führe – König«

Weitere Bands haben die teilweise beziehungsreichen Namen: *Signum Salomonis, Necrolust, Cannibal Corpse, Impaled Nazarene, Sleeping Gods, Mangled Torsos, Crematory, Katatonia* usw.

Mitte der achtziger Jahre erhält der »Black Metal« seine »zweite Luft« und ist, ideologisch verschärft gegenüber der ersten »Black Metal«-Welle, wieder voll im Geschäft.

In der Black Metal-Szene lassen sich inzwischen zwei ideologische Richtungen herausfiltern. Zum ersten ein zunehmend an Bedeutung gewinnender Black Metal, favorisiert von französischen und polnischen Gruppen, der Satanismus und neofaschistisches Gedankengut verbindet. Zum anderen die norwegischen »Black Metals«, die um 1984 mit der Gruppe *Mayhem* die geistige Führerschaft übernehmen. Seit dem Tod des Mayhem-Sängers Dead 1991 wird bei den »Norwegern« der ideologische Blick weg von Natur und Ökologie, alter Religion hin zu einem »arisch-germanischen« gewaltbereiten Satanismus gelenkt. Allen voran rief Euronymus von *Mayhem* den sogenannten »Black Metal Council of Norway« ins Leben und begann mit seiner selbstgestellten Aufgabe, die Welt von nicht wahrhaft ergebenen Black-Metallern und dem Satanismus abschwörenden Death Metal-Bands zu reinigen; wobei das größte Ideal zu sein schien, die Welt in ein zweites Mittelalter, eine Ära düsterer Riten und unheilvoller Todesbotschaften zu stoßen. Seine Parole »Black Metal ist für brutale Leute; Leute, die fähig sind zu töten!«[52] erhielt einen praktischen Anstrich durch die Aufstellung einer »Todesliste«, in der abtrünnige Black Metal-Musiker namentlich aufgeführt waren.
Als ein weiterer wichtiger Mann der norwegischen Black Metal-Szene gilt der damals zweiundzwanzigjährige Varg Vikernes von der Gruppe *Burzum*, auch bekannt unter seinem Spitznamen »Greven« (der Graf). Er war Mitbegründer des »Norway Inner Circle«, einer militant auftretenden Vereinigung von satanistisch angehauchten Black Metal-Musikern, die Satanismus mit arisch-germanischen und keltischen Ansätzen koppelten. Vikernes Menschenbild ist bezeichnend für die Szene: »Men-

52. Vgl. den Artikel »Satanische Verse« von Robert Müller in Metal Hammer, 6/1993.

schen sind wertlos und dumm, sie existieren, um einem Führer zu folgen.«[53] Deshalb war es für ihn ein konsequenter Schritt, den Satanisten und Black Metal-Musiker Oystein Aarseth, alias »Euronymus«, der bis dato als Kopf des norwegischen »Black Metal Council of Norway« galt, aus Konkurrenzgründen zu ermorden.[54] Vikernes (Pseudonym »Count Grishnackh«) und anderen Mitgliedern des »Inner Circle« sind mittlerweile zahlreiche Straftaten, unter anderem Mord, Mordanschläge, Körperverletzungen, Kirchenbrandstiftungen (in über 20 Fällen sind alte norwegische Stabkirchen abgefackelt worden) zur Last gelegt worden. Der »Graf« führt, obwohl zu lebenslanger Haft verurteilt, seine »Geschäfte« aus dem Knast weiter. Nicht nur Vikernes, auch andere Black-Metaller mordeten, so zum Beispiel der Schlagzeuger der Gruppe *Emperor* Bard G. Eithin (Pseudonym »Faust«) in Lillehammer einen Homosexuellen. Bands, die laut Mühlmann dem »Norway Inner Circle« angehören, heißen: *Burzum, Dark Throne, Emperor, Immortal* und *Mayhem.*

Interessant in diesem Zusammenhang ist ein Interview mit dem Frontman von *Dark Throne* Ted Skjellum in der honorigen Musikzeitschrift »Rock Hard«.[55] Das Gespräch führte der Redakteur Frank Albrecht, und er beschreibt seine Begegnung mit dem Black Metal-Aktivisten Skjellum: »Leider war meine Unterhaltung mit Ted wenig zufriedenstellend, da der Mann Interviews haßt und es schon gar nicht mag, auf die norwegische Szene angesprochen zu werden. Da kann ich nur mit dem

53. Zitiert ebd.
54. Vgl. die Reportage »Satanismus und Musik« von Wolf Rüdiger Mühlmann im Göttinger Tageblatt, 9. 2. 1995, S. 25-27.
55. Rock Hard Nr. 71, April 1993.

Sprichwort ›die Geister, die ich rief...‹ kontern, denn schließlich waren ›Dark Throne‹ so ziemlich die ersten, die sich deutlich zur wiederaufkeimenden Black Metal-Bewegung bekannten. Es folgen also nun die wenigen brauchbaren Statements von Ted, und ich versichere euch, daß dies das letzte Mal war, daß sich dieser Vollidiot bei uns äußern durfte.«
Ich gebe an dieser Stelle einen kleinen Teil des Interviews wieder, weil hier das für Satanisten typische Menschen- und Weltbild von Skjellum verbalisiert wird:

»*Albrecht:* Man sagt aber, daß ihr im engen Kontakt zur norwegischen Satanisten-Szene steht. Was ist da eigentlich zur Zeit bei euch los?
Skjellum: Kein Kommentar.
Albrecht: Du mußt doch eine Meinung zu den Vorfällen (Morde und Brandstiftungen; Anm. d. Verf.) haben.
Skjellum: Es interessiert mich nicht, was andere Leute tun oder denken. Ich finde es okay, wenn Kirchen abgebrannt werden, weil dadurch die sogenannten Christen verschreckt werden. Es gibt doch eigentlich gar keine richtigen Christen mehr, sondern nur Leute, die glauben, sie wären welche. Es ist auch meiner Meinung nach in Ordnung, wenn Leute getötet werden, denn es gibt sowieso zu viele Menschen auf diesem Planeten. Deswegen begrüße ich im Prinzip beispielsweise den Krieg im ehemaligen Jugoslawien und finde es auch richtig, was diese Satanisten-Szene in Norwegen so veranstaltet, auch wenn ich selbst an deren Aktionen nicht teilnehme. Ich lebe lieber in Ruhe in meinem 200-Seelen-Dorf.
Albrecht: Du findest es also okay, wenn harmlose Bands wie ›Paradise Lost‹, die einfach nur ihre Musik spielen wollen, von Satanisten aus welchen Gründen auch immer attackiert (Androhung von Bombenterror; Anm. d. Verf.) werden?

Skjellum: Andere Bands interessieren mich nicht.
Albrecht: Euronymus von ›Mayhem‹ behauptet, daß ihr den Black Metal verraten habt; ihr hättet euch nicht mehr voll und ganz der ›satanistischen Lehre‹ verschrieben, sondern wärt in ein anderes Lager gewechselt.
Skjellum: Blödsinn. Wir haben nie einem bestimmten Lager angehört. Warum sollen wir ein Teil einer bestimmten Szene sein? Das ist Unfug. Ich lebe lieber alleine.
Albrecht: Denkst du nicht auch, daß dieser ganze satanistische Kram von der Struktur her ziemlich faschistoid ist?
Skjellum: Interessiert mich nicht. Können wir nicht das Thema wechseln? Deine Fragen langweilen mich.
Albrecht: Prima, denn ich kann mir dein sinnloses, hirnverbranntes Geblubber auch nicht mehr anhören. Und tschüss!
Skjellum: Ja, verpiss' dich!
Albrecht: Gerne, und ich verspreche dir, daß du nie wieder von mir hören wirst. Ich komme höchstens mal vorbei, um dir ein gesundes Spenderhirn gewaltsam einzupflanzen, damit nicht noch mehr Leute deine schwachsinnigen Äußerungen ertragen müssen...«

Albrecht kommentiert das Interview zum Schluß mit einer sachgerechten Analyse der Verhaltensweise von *Dark Throne:* »Mal im Ernst: Ich glaube nicht, daß Dark Throne sich ein bestimmtes Image zulegen wollen. Die haben scheinbar wirklich fürchterlich einen an der Waffel. Insofern sollte man eigentlich ihre Platten boykottieren, auch wenn sie musikalisch noch so genial sein mögen. Im Gegensatz zu geistig behinderten Pimpfen wie Euronymus von ›Mayhem‹ wirken die Dark Throne-Leute nämlich wirklich gefährlich, da sie offensichtlich weit mehr Einfluß auf die Denkweise vieler Fans haben, als Ted hier zugeben wollte. Das muß verhindert werden!«

Inzwischen soll sich, von den Norwegern beeinflußt, eine »German Black Metal Mafia« in Deutschland gegründet haben, die angeblich, analog zur norwegischen Szene, eine »Todesliste« im Untergrund zirkulieren ließ, wo »unliebsame Redakteure« oder andere »Black Metal-Kritiker« als potentielle Todeskandidaten verzeichnet waren. Heute ist es in Deutschland anscheinend ruhiger geworden, und auch die »German Black Metal Mafia« scheint es nicht mehr zu geben. Allerdings hat sich die Neugründungswelle von Black Metal-Bands auf hohem Niveau stabilisiert und bleibt weiterhin ungebrochen. Auch das andere Kennzeichen, nämlich der ideologische Aspekt: für die Unterstützung des satanistischen Glaubens auch Straftaten begehen zu wollen oder zu müssen, wird von einigen »Hardcore-Black-Metal-Bands« weiterhin in der Öffentlichkeit vehement vertreten. So interviewte im Internet das Magazin »Black-Metal-Almanach« Anfang 1999 über die nur in der Szene bekannte Homepage »Wolfenstein«[56] viele deutsche Bands und legte ihnen 20 Fragen zur Beantwortung vor. Die 16. Frage bezog sich auf das kriminelle Milieu satanistischer Vorstellungen und Praktiken im Bereich des Black Metal:

»Wie ist Eure ganz persönliche Meinung zu den, gemäß Gesetz strafbaren, Handlungen wie Kirchenbrandstiftungen, Friedhofsverwüstungen und Mord, die derzeit von Szeneaktivisten begangen wurden? Sind diese Hand-

56. Siehe http://www.wolfenstein.com/almanach/intis/eternity.html, 13. 01. 1999;
http://www.wolfenstein.com/almanach/intis/tsatthoggua.html, 06. 01. 99;
http://www.wolfenstein.com/almanach/intis/pesttanz.html, 06. 01. 1999;
http://www.wolfenstein.com/almanach/intis/absurd.html, 06. 01. 1999.

lungen, was Eure ganz persönliche Meinung betrifft, weiterhin strafbar oder heiligt diesmal der Zweck die Mittel?«
Die Antworten fielen typisch für die »Szeneaktivisten« aus und ließen es an Deutlichkeit nicht vermissen. Die Gruppe *Eternity* aus Nordhausen zum Beispiel äußerte sich in folgender Weise dazu: »Jede Aktion die dazu dient, der jämmerlichen Christenheit einen Schaden zuzufügen ist es wert, unterstützt zu werden, sei es nun eine Kirchenbrandstiftung oder, wenn nötig, auch ein Mord an einem oder mehreren von ihnen. Leider ist dies aber nun mal schwer strafbar, da einige diesbezüglich wohl doch anderer Auffassung sind. Friedhofsverwüstung ist dagegen einfach nur idiotisch und vor allem sinnlos.«
Tsatthoggua sieht es ähnlich wie Eternity, nimmt aber gegenüber Tötungen und Mord eine entgegengesetzte Position ein: »Kirchenbrandstiftungen finden wir cool! Das ist eine echt lockere Sache, die eine Menge Mut erfordert. Wie gern würde ich die Christenkirchen in unserer Stadt abfackeln. Leider müßte ich mit schweren Repressalien seitens des Staates rechnen. Da ich das Leben genieße und keinen Bock auf den Knast habe, lasse ich das lieber sein. Das Gesetz verbietet Vandalismus und das ist eigentlich auch in Ordnung. Wir möchten ja auch nicht, daß jemand unser Haus anzündet. Mord ist eine diffizile Sache. Die Hintergründe bleiben ja oft im Verborgenen, aber ich denke, es ist ein Zeichen von mangelndem Selbstbewußtsein. Da Mord ja meistens emotionale Beweggründe beinhaltet (zum Beispiel Eifersucht) läßt der Mörder sich also zu sehr von seinen eigenen, unwichtigen und dazu kurzfristigen Gefühlen leiten. Mord ist eine christliche Sache (Inquisition), die wir nicht gutheißen können. Der erhabene Mensch steht über solchen Gefühlen. Wir sind ganz klar gegen Mord und auch gegen die Todesstrafe.«

Die Black-Metaller von *Pesttanz* haben wiederum Probleme mit Brandstiftungen, Mord allerdings wäre unter bestimmten Voraussetzungen für sie denkbar: »Im Prinzip habe ich gegen Mord nichts, ich habe allerdings keine Lust für so etwas ins Gefängnis zu gehen; wäre es straffrei, hätte ich keine Probleme damit, jemanden in einer fairen Auseinandersetzung zu töten. Kirchenbrandstiftungen sehe ich eher negativ, denn solch großartige Bauwerke, wie zum Beispiel der Kölner Dom und andere gotische Bauwerke und norwegische Stabkirchen sind viel zu faszinierend, um zerstört zu werden. Da ich die Toten ehre, habe ich eine geteilte Meinung zu Grabschändungen; einerseits richten sie sich gegen das Christentum, andererseits habe ich zu großen Respekt vor den Toten, im Besonderen vor gefallenen Soldaten (ein großes Heil! An Euch!), als daß ich zu solchen Mitteln greifen würde.«
Den Vogel schießt die Gruppe *Absurd* mit ihrem Bandleader Henrik M. ab. *Absurd* verbindet zunehmend satanistische Ansätze mit germanischen und neofaschistischen Vorstellungen und stellt konsequent fest: »Wir begrüßen jede Aktion, die sich gegen die jüdisch-christliche Fremdherrschaft auf germanischem Boden im speziellen und gegen das erbärmliche Dasein der Herdenmenschen (gemeint sind hier die Christen; Anm. d. Verf.) im allgemeinen richtet. Es gibt im Black Metal keine klare Trennlinie zwischen Fiktion und Realität, beides geht ineinander über und somit ist aus unserer Sicht völlig legitim, nicht nur über extreme Handlungen zu singen, sondern diese auch zu begehen. Natürlich geht jeder B.M.-Aktivist das Risiko der ›Strafverfolgung‹ ein, aber wer die Abläufe bei der Justiz kennt, der wird entsprechende Vorkehrungen treffen, um nach erfolgreicher Tat nicht durch die Fahndung etc. ermittelt zu werden... es ist somit ein kalkulierbares Risiko und solches kann und muß man in seinem Leben sowieso eingehen.«

Henrik M. weiß, wovon er spricht, denn er saß mit den beiden anderen Bandmitgliedern von 1993 bis Ende 1998 wegen gemeinschaftlich begangenen Mordes an dem Mitschüler Sandro B. aus Sonderhausen im Gefängnis. Vorher, im November 1992, hatte er mit der ersten Besetzung von *Absurd* eine Demo »Werwolf« aufgenommen. Es scheint, daß in diesem Stück der kurze Zeit später erfolgte Mord thematisiert war:

»Wenn der Vollmond scheint in finst'rer Nacht,
hör' ich die Wälder klingen.
Wenn der Tod über den Gräbern lacht,
hör' ich die Nachtgeschöpfe singen.

Niemand weiß, wer ich wirklich bin.
Niemand hält das Böse auf.
Niemand weiß, daß ich ein Werwolf bin,
und das Grauen nimmt seinen Lauf.

Blut und Tote überall im Land,
keine weiße Macht kann mich bezwingen.
Eine schwarzgraue Pfote formt sich aus meiner Hand,
ihr könnt meinem Blutdurst nicht entrinnen.

Ich stille meine Gier mit Menschenfleisch,
mit Zyklon B, mit Gift und Blut.
Willst du mich, so komm' in mein Reich,
deine Eingeweide schmecken sicher gut.
Uuuuuuuaaaaah!

Im Wald hört niemand der Opfer Schrei!
Wieder ist die graus'ge Tat vollbracht! Ha!
Der Toten letzte Worte waren: Gott, steh' mir bei!
Und der Vollmond scheint in finst'rer Nacht.
Uuuuuuuaaaah!«

Der Richter, der Henrik M. zu acht Jahren und die beiden anderen Mittäter zu je sechs Jahren Jugendstrafe verurteilt hatte, wandte sich ein Jahr später noch einmal an die jugendlichen Straftäter und schrieb ihnen ins Stammbuch: »Wenn Sie noch immer glauben, daß dieser Mord nichts mit dem Satanskult zu tun hat, dann ist das ein verhängnisvoller Irrtum. Wir sind davon überzeugt, daß diese Tat ohne diesen Hintergrund nicht möglich gewesen wäre. Ganz gleich aus welchen Motiven Sie angefangen haben, sich dem Satanismus zuzuwenden. Als Sie das getan haben, hat er etwas in Ihnen zerstört: die Achtung vor dem Wert des Lebens!«[57]

Es ist nicht verwunderlich, daß bei einer Publikation so brisanten Inhalts wie im »Black Metal-Almanach«, via Internet für jeden Jugendlichen erreichbar, Strafverfolgungsbehörden aufmerksam werden müssen. Die Homepage Wolfenstein mit dem »Almanach« ist nach staatsanwaltschaftlicher Untersuchung aus dem Verkehr gezogen worden. Folgende Black Metal-Bands aus Deutschland wurden in dem Almanach erwähnt:

Abaddon - 45485 Wesel
Absurd - 99019 Erfurt
Adorned Brood - 41530 Dormagen
Agares - 21683 Stade
Agathodaimon - 55120 Mainz
Ancient Wargod - 34346 Hannoversch Münden
As Stormclouds Gather - 63791 Karlstein
Asaru - 64297 Darmstadt
Atumnblaze - 66578 Stennweiler
Barad Dur - 99019 Erfurt

57. Vgl. Michael H. Möller: Satanismus - Im Namen des Bösen, Thales Verlag, Themenheft 99.

Belmez – 09456 Annaberg-Buchholz
Bergthron – 08525 Plauen
Bilkinir – 64589 Stockstadt
Black Realm – 53125 Bonn
Bloodmoon – 67125 Dannstadt
Blutrache – 99706 Sondershausen
Cerebral Supression – 91085 Weisendorf
Cosmical Aura – 34123 Kassel-Waldau
Daemonbrahms – 14778 Trechwitz
Dark Shades – 06618 Naumburg
Dies Ater – 10963 Berlin
Eispalast – 44229 Dortmund
Eisregen – 99894 Ernstroda
Eternity – 99734 Nordhausen
Frost – 25337 Elmshorn
The True Frost – 38226 Salzgitter
Gernoth – 82223 Eichenau
Gorbalrog – 44287 Dortmund
Götterdämmerung – 55471 Fronhofen
Grabgesang – 48159 Münster
Hathor – 98701 Breitenbach
Hel – 58511 Lüdenscheid
Heldentum – 06563 Bad Frankenhausen
Ilmari – 99019 Erfurt
Impending Doom – 07570 Weida
Infested Carrion – 47625 Kevelaer
Into Darkness – 69123 Heidelberg
Lestat – 51467 Bergisch Gladbach
Lord Astaroth – 95028 Hof
Lugburz – 98693 Ilmenau
Midgard – 18513 Wendisch-Baggendorf
Migthiest – 79206 Breisgau
Mjölnir – 51065 Köln
Mortal Intention – 04603 Nobitz
Mosu Quma – 49086 Osnabrück

Mystic Circle - 67251 Freinsheim
Nachtmahr - 89312 Günzburg
Nagelfar - 52134 Herzogenrath
Nocte Obducta - 55130 Mainz
Pantheon - 22607 Hamburg
Paralysing Prophecy - 46569 Hünxe
Pesttanz - 86720 Nördlingen-Baldingen
Pyre - 37574 Einbeck
Rising Moon - 98544 Zella-Mehlis
Sadorass - 38226 Salzgitter
Secrets of the Moon - 49090 Osnabrück
Seeds of Hate - 90441 Nürnberg
Semen Datura - 09238 Auerswalde
Shadow towards my sky - 99817 Eisenach
Siren - 51465 Bergisch-Gladbach
Sonnentod - 66578 Schnittweiler
Stoermflood - 26789 Logabirum
Suffering Souls - 92245 Kümmersbruck
Suidakra - 40789 Monheim
Tsatthoggua - 45746 Marl
Ungod - 97466 Gochsheim
Vaque Empress - 84092 Bayerbach
Winterblut - 90607 Rückersdorf

Im internationalen Bereich zählen sich zu den Black Metal-Bands: *Acheron, The Principles Of Evil Mad Flesh, Bifrost, Obscure, Tiamat, Cynic, Abyssic Hate, Ungod, Black Funeral, The Dark Regions, Godkiller, Dark Sanctuary, Zephirous, Funeral Moon, Blood Axis, Asmorod, Bloodsoaked, N 555 der Führer, Demogorgon, Pitbull* und viele andere.

Auch wenn ein zunehmend größer werdender Teil von Black-Metallern Gewalttaten befürwortet, sollte man sich davor hüten, alle Black Metal-Bands gleich in die kriminelle Ecke abzuschieben. Selbst wenn deren Mitglieder satanistische Vorstellungen hegen, lehnen einige Bands »mörderische« Aktionen vehement ab. Als Beispiel sei an dieser Stelle Thomas Lindberg zitiert, Sänger der schwedischen Death/Black Metal-Formation *At the Gates:* »... aber ansonsten ist das natürlich der heilige Schwachsinn, was diese Black Metal-Kids da veranstalten. Ich sehe mich selbst als Satanisten, aber eher in einem philosophischen Sinn. Satanismus heißt nicht böse zu sein; Satanismus ist ein Synonym für Freiheit. Was aber auch einschließen muß, daß du die Taten anderer tolerierst.« Und Mika Luttinen (er stand angeblich auch auf der ominösen norwegischen Todesliste), Sänger der finnischen Hardcore Black Metal-Gruppe *Impaled Nazarene,* führte zu den Vorfällen im Bereich des norwegischen Black Metal aus: »Wir möchten nicht mehr Black Metal genannt werden, seitdem diese ganzen norwegischen Bands die Götter sind und alles zerstört haben, was Black Metal jemals gewesen ist. Sie sagen, Black Metal wäre Satanismus. Mal ernsthaft, keine Musikform, am wenigsten Metal, kann Satanismus sein. Satanismus ist mein Leben – ich lebe für die Dunkelheit und die Kräfte, die in ihr verborgen sind. Ich bin Satanist, Okkultist, und ich bin stolz darauf! Satanismus bedeutet konstantes Lernen, und es läuft definitiv nicht so, daß du an Black Metall Gefallen findest, und plötzlich kommt der Geistesblitz: ›Hey, jetzt bin ich ein Satanist!‹«[58] Auch wenn die Erklärungen der beiden Musiker kritisch zu würdigen sind, zeigen sie, daß es im weiten Feld des Black Metal unterschiedliche Auffassungen und Praktiken gibt. Eines haben sie allerdings gemeinsam: Sie fühlen sich als Satanisten und praktizieren ihren »Glauben« auch!

58. Zitiert bei Robert Müller, a. a. O.

Eine Beobachtung ist für diese Szene symptomatisch. Es tritt eine zunehmende »Versektung« der Bands ein, die neben ihren »Life-Gigs« als »Organisationsgründer« in Erscheinung treten. Als Beispiel sei die Gruppe *Acheron* erwähnt. In einem Interview mit einem Independentmagazin bekannte Gitarrist Vincent Breeding, daß der Bandleader von *Acheron* Vincent Crowley eine »Satanssekte« mit dem Namen *Order of the Evil Eye* als Unterabteilung der Church of Satan (CoS) gegründet habe. Angeblich umfasse der weltweite Mitgliederbestand 5000 (?) Personen. Diese Zahl scheint amerikanischer Gigantomanie zu entspringen. Immerhin besingt Acheron auf der 1992 erschienenen CD »Rites of the Black Mass« das Ritual der »Schwarzen Messe des Anton Szandor LaVey« und seiner Church of Satan und läßt sich mit dem Magistergrad der CoS anreden.
Signifikant für diesen Bereich ist ferner die zunehmende Kommerzialisierung. Verlage und Versender wie »Nuclear Blast«, »Alchemy«, aber auch »EMP« und andere verkaufen neben CDs natürlich auch Fan-Zines, sonstige »Devotionalien« (zum Beispiel symbolhafte Gegenstände, Amulette, Totenköpfe, Ritualgegenstände usw.). Im Merchandising-Bereich bei Life-Konzerten wird alles an den Kunden gebracht, was das echte Black-Metaller Herz erfreut, von T-Shirts mit entsprechenden Aufdrucken bis hin zur »Untergrundliteratur« wie »Nordic Visions« (Themenbereich: Skandinavischer Satanismus), »Chaos«, »Immemorial«, »Deo Occidi«, »INFERNUS – The Second Blasphemie« und andere, die sprichwörtlich auch nur unter dem Tisch als sogenannte »Bückware« verkauft wird. Es braucht keine ausgeprägte Phantasie, um festzustellen, daß die Kommerzialisierung entscheidend zur Verbreitung satanistischen Gedankengutes beiträgt.

Wie gehen wir nun mit der Black Metal-Musik und ihren Anhängern um? Differenzieren müssen wir zwischen den

Exponenten (Bands) und den Zuhörern, die oft nur des Feelings und der Power wegen Konsumenten dieser Stilrichtung sind. Sinnlos erscheint mir, in einen platten Dualismus zu verfallen. Wir müssen diese Musik als einen Ausdruck von Jugendkultur begreifen, deren Inhalte vernommen und dann durchaus einer Kritik unterzogen werden wollen. Tips, wie sie gerade aus der fundamentalistischen oder pfingstlerisch-charismatischen Ecke favorisiert werden, den Teufel durch »Zerknacken« der CDs auszutreiben, halte ich für infantil und wenig Erfolg versprechend. Auch sollte von einer angstbesetzten polarisierenden Exorzismuspraxis (siehe den Abschnitt über Exorzismus) Abstand genommen werden. Angstfreie Gespräche, Auseinandersetzung mit den Inhalten, Diskussion mit den Befürwortern der Black Metal-Musik, in denen ihre Wünsche, Hoffnungen und Träume zum Ausdruck kommen, sind das Gebot der Stunde! Unabhängig davon bleibt aber die Auseinandersetzung mit den extremen, gewaltbereiten und kriminellen Auswüchsen der Black-Metal-Szene und deren Auswirkungen auf die Entwicklung von Jugendlichen.

Praktiken und Rituale

Natürlich sind hier nicht alle Praktiken und Rituale aufführbar. Das würde ausufern und den Rahmen dieses Buches sprengen. Geboten wird vielmehr eine exemplarische Auswahl solcher Praktiken und Rituale, die in allen (oder doch den meisten) satanistischen Gruppen, Organisationen, Logen und Kirchen zu beobachten sind, so daß der Leser einen kleinen Einblick in die Vielfalt satanistischer Praktiken und Rituale bekommt. Nun sind nicht alle Praktiken und Rituale als kriminell zu bewerten; deswegen werde ich mich mehr auf diejenigen beschränken, die sich im »Graubereich« exzessiver, perverser, psychopathologischer und krimineller Energie bewegen.

Lehrabend und Ekeltraining

Bevor ein Proband die Initiation (Einweihung) des ersten Grades erhält, muß er in einigen satanistischen Gruppen sogenannte »Lehrabende« durchlaufen. Diese Lehrabende beruhen auf der Prämisse, daß nur derjenige die Power Satans erhält, der bereit ist, menschliche Barrieren, zum Beispiel die Ekelschwelle, zu überspringen. Das Argument für diese Praxis lautet in den Gruppen unisono: »Man muß seine Grenzen austesten, alte Lehrsätze überprüfen, ob sie heute überhaupt noch Bestand haben« und ähnlich. Im Thelema-Netzwerk des Michael Dieter Echner wurden diese Lehrabende teilweise als »Ekeltrainings« durchgeführt. Den Einstiegswilligen wurde nach reichlichem Wodkagenuß vom Ausbilder befohlen, Kot und Urin zu konsumieren. Der psychologische Effekt solcher »Übung« für den Probanden ist der Abbau von Hemmschwellen bei gleichzeitiger Unterwerfung unter einen Fremdwillen. Wenn der Proband erst einmal diesen Schritt gegangen ist, etwas zu tun, was ihm zutiefst zuwider ist, was gleichsam ein Tabu für ihn darstellt, dann können ihm der oder die Anführer so ziemlich alles befehlen, und er wird es ausführen. Anders ausgedrückt: das Ausmaß der Befehle hat nach oben keine Grenzen mehr.

Wir haben es hier mit bewußt provozierten Tabubrüchen zu tun, und man braucht kein Psychologe oder Psychotherapeut zu sein, um festzustellen, daß Tabubrüche psychopathologische Folgeerscheinungen in sich bergen. In den Beratungen von Aussteigern bekommt man einen Eindruck davon, wie wirksam hier die Psyche manipuliert und die zu initiierende Person von der Willkür des Leiters abhängig gemacht wird.

Lehrabende werden aber nicht nur als Ekeltrainings vor dem Initiationsritual durchgeführt, sondern sie werden auch nach der Einweihung dazu benutzt, die Novizen, Neophyten, Adepten oder wie sie heißen mögen in die Welt der Magie einzuführen. Thelemiten benutzen in ihren Lehrabenden dazu das dreibändige und teure Standardwerk »Die geheimen Unterweisungen und Rituale des Hermetischen Ordens der Goldenen Dämmerung«.[59]

59. Michael D. Eschner: Die geheimen Unterweisungen und Rituale des Hermetischen Ordens der Goldnen Dämmerung – Bd. 1 und Bd. 2 und die »Flying Rolls«, Bergen/Dumme 1993.

Vereinfachte Formen der Lehrabende, in einen einfach strukturierten Ritualablauf eingepackt, finden wir in einem sachsen-anhaltinischen »Hauskreis« von Satanisten:

»In nomine Magni Dei Nostri Satanas.
Ich grüße Euch, Gesandte der Hölle!
Auch in dieser Nacht seid ihr zu Ehren unseres Meisters erschienen. Doch habt ihr euch sicherlich schon gefragt, ›was bringt mir Satanismus im Alltag?‹
Ohne das dazugehörige Training sicherlich nichts. Dann könnten wir uns Teufelsanbeter nennen, und müßten bald dazu übergehen, Tiere zu opfern, um unsere Fähigkeiten zu erhalten.
Das Wichtigste ist eine starke Seele. Aus ihr schöpfen wir unsere Kraft. Nur schwache Seelen benötigen Opfer. Niemand anderes als ihr selbst seid für eure Taten verantwortlich. Kein Dämon gibt euch Befehle aus der Hölle. Wenn ihnen jemand im Wege stehen würde, könnten sie diese Person sowieso besser ausschalten.
Sucht auch nicht an jeder Ecke nach Zeichen und Hinweisen unseres Meisters. Ihr erhaltet sie in eurem Unterbewußtsein.
Lernt also, auf euer Unterbewußtsein zu hören.
Versucht nicht, die Bösen zu spielen. Niemand muß wissen, daß ihr Satanisten seid, denn es ist euer Vorteil, wenn man euch für Andersgläubige hält. Es ist einfältig zu glauben, daß ihr bessere Satanisten seid, wenn ihr schön böse tut. Einem Gläubigen des rechten Pfades sieht man nicht so auf die Finger, man vertraut ihm eher, denn man kennt die Regeln, an die er sich hält.
Behandelt die Menschen so, wie sie euch behandeln, steht jedem ohne Gefühle – negative oder positive – gegenüber. Nur so könnt ihr eure Fähigkeiten voll anwenden, die Menschen sind offene Bücher für euch.

Haltet eure Gefühle unter Kontrolle. Sie zeigen eure Schwächen. Wer seine eigenen Gefühle beherrscht, kann auch die anderer kontrollieren.
Seht für einige Zeit in eure Seele und bereitet sie vor, dann kommt zu mir.

Consecration
Our Father which art in Hell, Hallowed be Thy name. Thy Kingdom is come, Thy will is done; on earth as it is in Hell. Wetake this night our rightful due, and trepass not on paths of pain.
Lead us in temptation, and deliver us from false piety, for Thine is the kingdom and the power and glory for ever!

Jetzt kennen wir die Antwort. Sag sie mir.
– Antwort –

Kein Glauben ist so verfolgt worden, wie der unsrige und trotz allem ist er nicht ausgestorben. Jeder von uns trägt seinen Teil dazu bei. Nicht nur im Namen unseres Meisters oder unscrem, sondern auch im Namen aller unserer Mitgläubigen, die ihres Glaubens wegen gestorben sind. Jeder, der zu unserem Meister steht, ohne zu zweifeln, soll sich stolz Satanist nennen dürfen!
– Zeichen von VooR –
Seid gesegnet im Namen Sathans, Lucifers, Samaels, Gesandte der Hölle.
Nun geht Eures Weges.«[60]

60. Aus einem Lehrabend mit eingefügtem Ritual der Schwarzen Messe, praktiziert von einer Gruppe in der Nähe Dessaus. Archiv Ingolf Christiansen.

Arkandisziplin (AD)

Jede Satansorganisation pflegt ihre »Arkandisziplin«, das heißt, initiierte (eingeweihte) Mitglieder dürfen bei martialischer Strafandrohung (zum Beispiel Folter, Vergewaltigung, Tod usw.) keine Informationen über die Infrastruktur und den Organisationsgrad der Gruppe nach außen weitergeben. Auch dürfen sie nicht über Initiationsgrade, über den genauen Ablauf von Ritualen oder sonstigen Praktiken berichten. Das Initiationsritual bindet ferner die Mitglieder zeit ihres Lebens an die Organisation. Sie können nach dem Selbstverständnis der Gruppe nicht mehr aussteigen. Es sei denn, die Organisation würde sich selber auflösen oder, die zweite Möglichkeit, den »Eingeweihten« ereilt der Tod.
Ausstiegswilligen wird die wilde Entschlossenheit der Organisation, sie nicht so ohne weiteres ziehen zu lassen, psychisch wie physisch vor Augen geführt. Zum Beispiel berichtete ein Aussteiger, daß der Anführer einer Gruppe mit Hilfe von (gemieteten) Bodygards und unter Androhung von Gewalt (»Wenn man aussteigen will, dann für immer!«) versuchte, ihn vom Ausstieg abzubringen. Aussteiger sind einem permanenten Druck ausgesetzt. Sie bekommen Pakete mit halbverwesten schwarzen Katzen oder Hähnen zugeschickt. Ein anderes probates Mittel, um Angst zu verbreiten, ist das Auslegen von toten Ratten in Pentagrammform vor die Wohnungstür des Ex-Mitgliedes. Es werden anonyme Schreiben verfaßt, die für die Betroffenen zum Beispiel konkrete Todesdaten zum Inhalt haben. Es wird dem sozialen Umfeld gedroht (vgl. die oben zitierten Auszüge aus dem Tagebuch von R.). Bei allen Gruppen, seien sie auch noch so unterschiedlich geprägt, werden Disziplinierungsinstrumentarien angewandt; die Mittel sind zwar sehr unterschiedlich und schei-

nen dem intellektuellen Niveau der Mitglieder angepaßt, die Auswirkung auf die Konvertiten bleibt allerdings gleich.
Daß solche Druckmechanismen greifen, hängt zum einen mit dem magischen Verständnis der Involvierten zusammen; zum anderen sind sich die meisten Mitglieder der Tatsache bewußt, daß es bei den praktizierten Ritualen oder sonstigen Praktiken der Gruppe häufig zu Straftatbeständen kommt, die, einmal bekanntgeworden, notwendigerweise eine Strafverfolgung durch Staatsanwaltschaft und Polizei nach sich ziehen. Ex-Satanisten führen in Gesprächen neben ideologischen auch ökonomische Gründe an, warum das Verletzen der AD und der damit oftmals verbundene Ausstieg der »AD-Verletzer« so unerbittlich durch die Organisation verfolgt wird. Jeder Aussteiger dokumentiert mit seiner Verhaltensweise, daß entgegen der Prämisse zum Beispiel im »Okkultistisch-traditionellen Satanismus« Satan nicht über die Allgewalt auf Erden verfügt, er nicht der »Fürst (Herrscher) dieser Welt« ist und daß man dementsprechend unbeschadet die ideologische Rüstung wechseln kann. Die Akzeptanz eines solchen Schrittes durch die Satansgruppe würde bedeuten, daß der Untergang dieses Satanskultes vorprogrammiert ist! Auch haben Satansorganisationen durchaus ein ökonomisches Interesse daran, daß niemand aussteigt. Das sichert auch zukünftige Einnahmen, etwa durch den Zwang der weiblichen Mitglieder zur Prostitution, Drogen-Deals, Hehlerei und Erpressen »freiwillig« gezahlter Geldbeträge.

Schwarze Messe

Die Schwarze Messe ist die Umkehrung des christlichen Ritus, genauer der römisch-katholischen Messe. Zum Szenarium satanistischer Messen gehören schwarzes Tuch, Paramente, besondere Kleidung, vergleichbar den liturgischen Gewändern der katholischen Priester oder Mönche, auch Meßbücher und -pulte.[61] Die Schwarze Messe nach Anton Szandor LaVey wird mehr in der Form eines (perversen) Psychodramas zelebriert, die Dvorak[62] folgendermaßen beschreibt:

»Verwendet werden dabei Texte aus der Bibel, dem Missale Romanum (in entsprechend pervertierter Form), von Charles Baudelaire und aus Joris-Karl Hysmans satanistischem Schlüsselroman ›La Bas‹.

Der Kultraum ist einer gotischen Kapelle nachempfunden, als liturgische Musik spielt eine Orgel Werke von Bach und Palestrina, unter dem Bildnis Baphomets hängt über einer nackten Frau ein auf den Kopf gestelltes Kruzifix. Als Hostie dient ein Rübenschnitzel, das Weihwasser wird durch den Urin einer als Nonne verkleideten Hexe ersetzt, die ihn zuvor coram publico in einen Nachttopf strömen läßt. [...] Das Gloria der Schwarzen Messe lautet: ›Gloria Deo, Domino Inferi, et in terra vita hominibus fortibus. Laudamus te. Benedicimus te, adoramus te, glorificamus te propter magnam potentiam tuam: Domine Satanas, Rex Inferus Imperator omnipotens.‹«

61. Vgl. Crispino, Giovanni, Zatterin: Das Buch vom Teufel, Frankfurt/M. 1987, S. 73.
62. Dvorak, a. a. O., S. 103, zitiert bei J. Schmidt, a. a. O., S. 164f.

Teufelspakt

Die Schwarze Messe bietet unter anderem den Rahmen, Probanden (Einstiegswillige) in den Kult einzuweihen. Als wesentlicher Bestandteil in diesem Zusammenhang ist der Teufelspakt zu nennen, der den Einstieg besiegelt. Die Geschichte der Teufelspakte geht bis in das Altertum zurück und hat eine Wurzel in der altjüdischen schwarzen Magie der Kischuph.[63] Die Anrufung Satans geschah durch schamanistische Manipulation oder durch Beschwörungsrituale, die vor allem mit blutigen Opfern und Räucherungen vollzogen wurden. Gregorius stellt dazu weiter fest: »Vor allem galt das Blut im jüdischen Zauberwesen, wie auch heute noch in der satanistischen Magie, nicht nur als ein Materialisationsmittel bei der Beschwörung, sondern war und ist noch ein direktes Nahrungsmittel der erscheinenden Geister, welche ihre stoffliche Ergänzung aus Blut und Spermaessenz ziehen.«[64]
Ein 14 Paragraphen umfassender mittelalterlicher Teufelspakt aus dem Lateinischen nach Guaccius[65] wird zumindest in Teilvarianten auch gegenwärtig in satanistischen Gruppen, Organisationen oder Logen benutzt:

»§ 1. Die Novizen müssen einen ordnungsgemäßen, mit eigenem Blut geschriebenen Pakt mit dem Teufel oder irgendeinem anderen Hexenmeister bzw. Magier, als des Teufels Stellvertreter, schließen und damit durch diesen Pakt, möglichst im Beisein von Zeugen, in den Dienst des

63. Vgl. Gregor A. Gregorius: Satanische Magie, Berlin 1983.
64. Ebd.
65. Compend. Malef., zitiert in: Sinistrari d'Améno: De Daemonialitate, entnommen aus: Gregorius, a. a. O.

Teufels treten. Es werden ihnen dafür vom Teufel seinerseits alle erdenklichen und gewünschten Ehrungen, grenzenloser Reichtum und sämtliche sinnlichen Genüsse der Erde versprochen.

§ 2. Die Novizen müssen dem christlich-katholischen Glauben abschwören und sich damit der Zugehörigkeit Gottes entziehen. Sie verzichten auf jede Zugehörigkeit zu Christus, auf den Schutz der heiligen Jungfrau Maria und auf alle Sakramente der Kirche.

§ 3. Die Novizen werfen den Rosenkranz der heiligen Jungfrau Maria von sich, die Schnur des heiligen Franziskus von Assisi, den Riemen des heiligen Augustin, das Skapulier der Karmeliten, je nachdem zu welchen Orden sie gehören. Ferner entsagen sie dem Kruzifix, den heiligen Medaillons, dem Agnus Dei, kurz, allem Heiligen und Gesegneten, was sie bei sich tragen oder das sich in ihrer Umgebung findet.

§ 4. Die Novizen leisten dem Teufel den Eid des Gehorsams und der Unterwerfung für ihr ganzes Erdenleben und verpflichten sich, niemals mehr zum christlichen Glauben zurückzukehren, kein Gebot Gottes mehr zu halten, niemals eine gute Tat zu tun, vielmehr immer nur Satan zu gehorchen und die nächtlichen Zusammenkünfte so häufig wie möglich zu besuchen, auf keinem Hexensabbat zu fehlen und bei jeder schwarzen Messe anwesend zu sein.

§ 5. Die Novizen versprechen ihre ganze Kraft, ihre größte Sorgfalt und besonderen Eifer daran zu verwenden, um andere weibliche und männliche Geschöpfe dem Teufelsdienst zuzuführen.

§ 6. Die Novizen haben sich bei der nächsten Sitzung der satanistisch-sakrilegischen Taufe zu unterziehen. Hierbei verzichten sie ausdrücklich auf die Paten und Patinnen ihrer christlichen Taufe und verfluchen dieselben und erhalten vom Teufel neue Paten zugewiesen, welche sie be-

sonders in der schwarzen Kunst unterrichten sollen. Sie legen ihren bisherigen Namen ab und erhalten einen neuen satanistischen Erkennungsnamen.
§ 7. Die Novizen haben ein Stück aus ihrer eigenen Kleidung sowie Haare von ihrem Kopf und Schamteilen und einige Nägel von ihren Füßen und Händen dem Teufel auszuhändigen.
§ 8. Die Novizen erhalten bei Gelegenheit der schwarzen Messe einen Krötenteufel oder einen Krötensalamander zur Aufbewahrung als Schutz- oder Hausgeist ausgehändigt, den sie sorgfältig pflegen und hegen müssen.
§ 9. Die Novizen werden vom Teufel aus dem Buche Christi gestrichen, dagegen in seinem Buche immatrikuliert. Bei der Zeremonie müssen sie das Buch, in welches ihre Seelen eingetragen werden, feierlichst mit dem Munde berühren.
§ 10. Die Novizen versprechen, dem Teufel zu bestimmten Zeiten Opfergaben und Geschenke darzubringen, unter feierlicher Zeremonie und Räucherwerk.
Mindestens einmal im Monat haben sie ein kleines Kind zu schlachten und dessen Blut in einer Opferschale feierlich dem Teufel zu weihen. Während des Vollmondes wird das Blut zur Nahrung für die Elementarwesen, Vampire und Werwölfe bereitgehalten und ausgestellt.
§ 11. Die Novizen werden vom Teufel mit dem sogenannten Satanszeichen gezeichnet, besonders diejenigen, welche eine bevorzugte Stellung genießen. Das Zeichen wird vom Satan und seinen Gehilfen an den verborgensten Stellen des Körpers eingedrückt. Bei den Männern unter den Augenlidern, Achselhöhlen, auf den Lippen oder Schultern, auf das Gesäß, und bei den Frauen auf die Brüste oder die Schamteile.
§ 12. Die Novizen verpflichten sich, bei jeder Gelegenheit die heiligen Bildnisse der Jungfrau Maria, das Kruzifix usw., welcher sie habhaftig werden können oder an die

sie herankommen können, zu verunglimpfen oder gar zu vernichten. Es ist streng verboten, sich einer sakramentellen Beichte zu unterziehen.
§ 13. Allmonatlich haben die Novizen nach den jeweiligen Anweisungen ihre Ortschaften und Distrikte mit Hagel, Sturm, Feuersbrunst, Viehseuchen, Kinderkrankheiten usw. nach Möglichkeit zu überziehen und zu verhexen.
§ 14. Bei der nächsten feierlichen Zusammenkunft wird dieser Pakt, nachdem er mit der Unterschrift des eigenen Blutes unterzeichnet ist, vom Teufel genehmigt und den Novizen ein besonderer Magistellus, gleich Lehrdämon, welcher als besonderer Freund oder Freundin zu gelten hat und mit dem eine geschlechtliche Vereinigung an den betreffenden Abenden zur Einweihung mehrmals zu erfolgen hat, zugewiesen.
Ältere, nicht mehr jugendliche Novizen erhalten als Partner einen Bock, einen Satyr aus dem Elementarreiche zugewiesen.«

Satanische Magie

»Hinter der satanischen (schwarzen) Magie steht als treibende Kraft das Verlangen nach Macht« – so sieht es jedenfalls der in der Szene bekannte Schwarzmagier Richard Cavendish[66] und stellt dazu fest, daß das höchste Ziel eines Schwarzmagiers sei, die absolute Macht über den Kosmos zu bekommen und damit Gott gleich zu werden. Dazu muß er sich der Energien bemächtigen, die von Satanisten oft auf zwei Bereiche verteilt werden: einmal den Bereich der kleinen, niederen Magie, bei der

66. Richard Cavendish: Die schwarze Magie, Berlin 1980.

es darum geht, mit bestimmten Manipulationstechniken Alltagsprobleme zu bewältigen, und zum anderen den Bereich der großen Magie, in dem mittels komplexer Ritualsysteme Naturgesetze gebrochen oder aufgehoben werden sollen. Wenig halte ich von der Unterscheidung »weißer« und »schwarzer« Magie, denn jeder ernsthafte Magier ist davon überzeugt, daß nach dem monistisch-holistischen Weltbild nur ein einziger Energiestrom unseren Kosmos durchwaltet. Mittels magischer Rituale kann sich der Magier dieses Energiestromes bemächtigen, ihn seinem Willen unterwerfen, und es liegt entscheidend bei ihm, wie er diesen verwendet: zum Guten für einzelne Menschen – das wurde dann volkstümlich als »weiße Magie« verstanden, oder zum Schaden – dann war es die »schwarze Magie«.

Dem magischen Weltbild liegt die Anschauung zugrunde, daß der Magier im Kosmos und der Kosmos in ihm aufgeht. Seine Kräfte, die in ihm schlummern, können zu sich unermeßlich steigernden Impulsen anwachsen. Er erfährt dadurch Gottgleichheit, denn die Kräfte Gottes stehen ihm zur Verfügung. Eliphas Levi, ein französischer Magier des 19. Jahrhunderts, beschrieb diese Kräfte in seinem Werk »Schlüssel der Mysterien«: »Mit Festigkeit zu behaupten und zu wollen, was sein soll, heißt erschaffen, und mit Festigkeit zu behaupten und zu wollen, was nicht sein soll, heißt zerstören.«[67]

Verschiedene Magien stehen dem Magus zur Verfügung: *Nekromantie* – Beschwörung der Toten, eine der gefährlichsten, widerwärtigsten und ekelhaftesten magischen Praktiken, denn nach magischer Vorstellung ziehen sie destruktive Energien auf den Magus, die diesem dann noch lange anhaften;

67. Eliphas Levi: Key of the Mysteries.

Imitative Magie – das Nachahmen;
Analogie-Prinzip – das Gesetz »Gleiches zu Gleichem«;
Zahlenmagie;
Kabbala – jüdische Geheimlehre, folgt den alten magischen Prinzipien, wonach das Universum eine Einheit ist, durch welche die Zahlen und die Planeten einen Zusammenhang bilden;
Tarot-Magie;
Gematria – Buchstaben eines Wortes in die ihnen entsprechenden Zahlen verwandeln. Dann die Zahlen addieren und ein zweites Wort für das erste einsetzen, das die gleiche Additionssumme aufweist;
Namensmagie – Vorstellung, daß im wirklichen Namen von Göttern, Dämonen und Teufeln auch ihre Wesenskräfte enthalten sind;
Alchimie – Beschäftigung mit Metallen und der Glaube, aus anderer Materie Gold machen zu können;
Stein der Weisen – Magisches Wissen um die Gottwerdung des Magus und die damit verbundene Unsterblichkeit;
Lebenselexier – beruht auf dem Fund des »Steins der Weisen« und bedeutet Besitz der ewigen Jugend;
Astrologie – spielt in allen magischen Systemen eine bedeutende Rolle;
Niedere Magie – vulgärmagische Prozeduren mit dem Zweck, in seine Umwelt manipulativ einzugreifen.

Für die Vorbereitung magischer Rituale ist die »Weihe« des Magus von entscheidender Bedeutung. Rituelle Waschungen gehören genauso dazu wie das Einrichten eines magischen Kreises, in dem dann Opferungen vollzogen werden. Für die Zeremonien sind ein rituelles Schwert und ein Kleindolch als »magische Waffen« unerläßlich. Zu den »magischen Waffen« zählt auch der Zauberstab, das wichtigste Zeichen magischer Kraft und Vollmacht.

Auch auf die Bekleidung soll der Magus großen Wert legen. Nach der Vorstellung aller magischen Systeme befinden sich in der geistigen Welt die verschiedensten Klassen von Geistern und Dämonen, zum Beispiel Geister der sieben Planeten, der Himmelsrichtungen, des Tages und der Nacht, der Wochentage, Elementargeister von Luft, Feuer, Wasser, Erde. Diese gilt es zu beschwören und sich ihre Dienste zu sichern.

Noch ein Wort zur magischen Literatur. Das Standardwerk in der satanischen Magie ist das Buch »Necronomicon« von Howard Phillips Lovecraft, einem Okkultisten und Horrorkrimiautor. Lovecraft behauptet, daß er dieses Werk dem »verrückten Araber Abdul Alhazred« zu verdanken habe. Inhaltlich wird im Buch die Mythologie um den »gefürchteten Ethulu« ausgebreitet. Formeln über Geisterbeschwörungen ergänzen dieses Werk.
Gregor Gregorius' Werk »Satanische Magie« ist ein kurzer historischer Abriß über die Magie.
Einem Standardwerk in der magischen Szene kommt auch das Buch von Richard Cavendish »Die schwarze Magie« gleich. Cavendish beschreibt hier ausführlich das Weltbild und die verschiedenen Praktiken der Magier. Alle Werke sind erschienen im Richard Schikowski Verlag in Berlin.
»Das sechste und siebente Buch Mosis«, das in Gesprächen und Diskussionen häufig erwähnt wird, stellt unter anderem eine Sammlung von magischen Rezepturen für die Bewältigung verschiedenster Probleme im Alltag (Liebeszauber) und für die Heilung erkrankter Zeitgenossen zur Verfügung. Es ist bei vielen Rezepturen davon abzuraten, diese auch in die Tat umzusetzen.

Andere Rituale

Andere Rituale sind zum Beispiel *Bann(ungs)rituale*. Phil Hine, eine bekannte Größe in der Szene, stellt dazu fest: »Wenn ich für jede Person, die ich während der letzten Jahre traf, und die zu mir sagte, ›ich mache mir nichts aus Bannungsritualen‹ und sich dann anfing zu wundern, warum sie Probleme mit ihrer Magie bekam, wenn ich also für jede solche Person 1 Pfund Sterling bekommen hätte, nun, ich hätte genug Geld für eine Mahlzeit in einem gediegenen Londoner Restaurant. Ein Bannungsritual ist das erste, was Du lernen solltest, wenn Du Dich mit Magie beschäftigst (meiner Meinung nach zumindest), und dies zu tun spart später jede Menge Ärger. ›Bannen‹ wird auch als ›zentrieren‹ bezeichnet, was in mancher Hinsicht ein passender Ausdruck für die Übung ist.«[68]
Weitere Rituale nennen sich:
Die Evokation der Vergessenen – durch den Magischen Spiegel,
Invokation von ALHKTGA,
Invokation des Nop,
Invokation von EDLPRNAA – König des Feuers
Kommunikation mit Lam,
Liber HAD – sub figura DLV – Der Kult des unendlichen Inneren und
Liber NV – sub figura XI – Der Kult des unendlichen Äußeren,
Ritual für die Qabalistische Sphäre von Malkuth und
Ritual für die Qabalistische Sphäre von Tiphareth,
Der Ritus des schwarzen Sterns[69],
verschiedenste *Opferrituale*.

68. Vgl. AHA 8, Oktober/November 1993.
69. Vgl. AHA 12/1992, 3/1993, Mai 1993, Juni/Juli 1993.

Hochzeitsrituale sind Indoktrinierungstechniken, um vor allem mißbrauchten und ritualgeschädigten Kindern durch »Scheinheirat« die Möglichkeit zu nehmen, den Peiniger öffentlich (zum Beispiel bei der Polizei) zu benennen, denn einen »Ehepartner« zeigt man nicht an.
Bei *Wiedergeburtsritualen* wird das Neumitglied in einen Sarg mit einer noch »frischen Leiche« gelegt und dann mittels Ritual in den Kult neu hineingeboren. Ein starkes Indoktrinierungsmittel!
Strategem Nr. 14 – Für die Rückkehr der Seele einen Leichnam auszuleihen.
Shattering – Die Einsamkeit des Langstreckenläufers wird mit einer Warnung eingeleitet: »Das Ritual, das folgt, ist rein Ich-bezogen und kann verschiedene Folgen haben, die sozial unerwünscht bis inakzeptabel sind. Von unkontrollierter Egoaufblähung bis hin zu paranoiden Aggressionsausbrüchen ist eine Menge möglich. Allerdings sollten solche unangenehmen Folgen nur bei einem Magus auftreten, der fähig ist, den Anfang zu erwischen und nur dann, wenn der Magus eine zu festgelegte Tunnelrealität bewohnt, sowieso neurotisch ist oder den Sinn dessen, was er tut, nicht versteht. Bei Leuten, die gerne Magi der beschriebenen Art wären, denen aber die Potenz fehlt – oder die notwendige Struktur – wird nichts von Bedeutung geschehen.«
Tötungsrituale: Eine der wichtigen älteren Quellen finden wir bei M. Psellus und seiner Beschreibung des Satanskultes der Euchiten: »Die Euchiten verzichteten auf das himmlische Prinzip und weihten sich dem Satanskult. Diese Sekte versammelte sich von Zeit zu Zeit in geheimen, vorher bezeichneten Häusern, jeder eine Fackel in der Hand tragend. Dort sangen sie eine Art von Litanei, die aus Dämonenbeschwörungen bestand, bis sie in der Mitte des Raumes den Teufel in der Gestalt eines Bockes erscheinen sahen. Dies war ein Zeichen! Alle löschten die Fackeln

aus und jeder vereinigte sich mit der Frau, die ihm im Dunkeln zufiel, gleich, ob er sie kannte, ob es seine Mutter oder Schwester war, oder das Weib des Freundes, ob alt oder jung. Nach neun Monaten kamen sie wieder zusammen. Die neugeborenen Kinder, die aus der schändlichen Vereinigung stammten, verbrannten sie, vermischten ihre Asche mit dem bei der Geburt aufgefangenen Blute und ihrem Sperma. (Eine andere Abart dieser Sekte, die Tractucellen, töteten die Kinder, indem sie, einen Kreis bildend, die armen Geschöpfe von Hand zu Hand warfen, bis diese starben.) Die auf diese Art gewonnene Substanz mischten sie zwischen ihre Speisen; man sagt, wer einmal davon gekostet hatte, verfiel unrettbar dem Satanskult.«[70]

Tötungen spielen im satanistischen Ritualwesen durchaus eine Rolle, wenn auch nur eine kleine. Es ist nicht auszuschließen, daß es in Deutschland wie in den angloamerikanischen Ländern in Vergangenheit und Gegenwart zu Ritualmorden gekommen ist. Allein es konnte bisher in der Bundesrepublik noch kein Fall zu Ende ermittelt werden, der bei Gericht eine Anklage, geschweige denn eine Verurteilung zugelassen hätte. Worauf beruht die scheinbare Diskrepanz zwischen den Aussagen von betroffenen Ehemaligen über Ritualtötungen und -morde einerseits und den negativen Ermittlungsergebnissen der Strafverfolgungsbehörden andererseits? Nicht immer sind Strafverfolgungsbehörden und ihre Beamten in der Lage zu erkennen, ob eine Straftat (Tötung oder Mord) aus dem Milieu okkultmotivierter Straftäter stammt. Das hängt mit einer nicht ausreichenden Fort- und Weiterbildung auf dem weiten Feld okkult-ideologischer Verhaltensverformungen zusammen. Zum anderen werden Straftaten in

70. M. Psellus: De Operatione Daemonum, p. 31, zitiert bei Gregorius, a. a. O.

diesem Bereich unscharf unter Rubriken kategorisiert, die ein späteres Erkennen als okkult-ideologisch motiviert nicht mehr zuläßt (zum Beispiel wurde ein Suizid, der klar erkenntlich im Zusammenhang einer wahnhaften Phobie mit satanistischem Hintergrund begangen wurde, in der Kategorie ›allgemeine‹ Suizide verbucht; nach einigen Jahren war sein okkult-ideologischer Hintergrund nicht mehr erkennbar.)

Bei Verdacht auf okkult-ideologisch motivierte Tötungshandlungen empfiehlt die ehemalige Betroffeneninitiative CAN aus den USA, auf besondere Umstände zu achten:

- Symbole, besonders Pentagramme, bei denen zwei Spitzen nach Osten oder eine Spitze auf einen Altar oder das Opfer zeigen.
- Zerstückelung der Leichen.
- Tierverstümmelungen. Satanisten sind der Ansicht, daß Satan die Vorderfüße der Tiere benutzt, um damit über die Erde zu gehen. Außer den Vorderfüßen fehlen oft: Zunge, After, Genitalien.
- Tätowierungen, insbesondere schwarze Panther, Bocksköpfe, Figuren der griechischen Mythologie, ein umgedrehtes Kreuz, eine Spinne (Schwarze Witwe), Totenschädel, über Kreuz angeordnete Totenknochen, ein Baphomet (ziegenköpfige Männergestalt), eine Schlange oder ein Messer, von dem Blut herabtropft.
- Kerzen in der Umgebung des Opfers.
- Ritualgegenstände wie Glocken, Gongs, Räucherwerk, Kessel oder Schalen (für Rituale), Altarsteine, ein umgedrehtes Kreuz, Silber (in irgendeiner Art oder Form, denn silberne Farbe werde von den Satanisten als Gegensatz zum »christlichen« Gold bevorzugt).
- Gebeine: »Es besteht die Vorstellung bei Okkultisten, daß in den größeren Knochenpartien die Seele bzw. der Geist des Toten verbleibe.« Wegen des damit verbun-

denen Kräftezuwachses komme es zu Grabschändungen und Urnendiebstählen.

- Kräuter, darunter auch Haschisch oder der als »Elfenstuhl« bekannte Pilz (psilocyle mushroom), Fliegenpilz oder auch frischer Muskat können auf Rituale hinweisen.
- Stichwunden, vor allem Messerschnitte am Unterarm.[71]

Ritueller Mißbrauch

Immer wieder gibt es in den Gesprächen und Beratungen Hinweise darauf, daß satanistische Gruppierungen, Orden, Logen und Kirchen in Ritualen und Praktiken Mißbräuche an Menschen begehen. Wie sind solch schwerwiegende Aussagen einzuschätzen? Erste und wichtige Voraussetzung für die Verarbeitung dieser Informationen ist eine klare Analyse. Was ist möglich? Was kann nicht stimmen? Wo ist die Geschichte in sich nicht stimmig? Welche Voraussetzungen sind für den rituellen Mißbrauch von Bedeutung?

»Ritueller Mißbrauch ist schwerer sexueller, physischer und emotionaler Mißbrauch, der sich in einem Kontext ereignet, verbunden mit Symbolen oder Tätigkeiten, die den Anschein von Religiosität, Magie oder übernatürlichen Bedeutungen haben. Diese Tätigkeiten werden über längere Zeit wiederholt, um die Kinder in Angst zu versetzen, sie gewaltsam einzuschüchtern und um sie zu verwirren.«[72]

71. Zitiert bei Fr.-Wilh. Haack, a. a. O.
72. Zitiert nach David Finkelhor: »Nursey Crimes-Sexual Abuse in Day Care«, in: Ingolf Christiansen, Thorsten Becker,

Nach dieser Definition lassen sich drei unterschiedliche Ausprägungen rituellen Mißbrauchs differenzieren:

1. Kultisch-ritueller Mißbrauch

Er ist geprägt durch Praktiken vor allem der Sexualmagie. Die Verbindung von exzessiven sexuellen Gewalterfahrungen mit mystischem und magischem Erleben kann zu einem Ich-Verlust des Opfers führen und stärkt andererseits das Gruppenzugehörigkeitsgefühl und den Zusammenhalt.

2. Pseudo-ritueller Mißbrauch

Er findet meist in mehr oder weniger stark kriminalisierten Milieus statt. Das Ritual bezieht sich nicht auf Inhalte, sondern auf die regelmäßige Wiederkehr unter bestimmten Voraussetzungen durchgeführter sexueller Handlungen an potentiellen Opfern. Hier gibt es keinen ideologischen Hintergrund, und wenn er dennoch behauptet wird, dann ist er meist nur aufgesetzt, um die pädophilen oder pornographischen Neigungen der Täter zu kaschieren. Kinder werden meist mit »Bildern« von Dämonen, Geistern und Monstern terrorisiert, um sie zu willfährigen Opfern »abzurichten«. Mittlerweile scheinen sich Gerüchte zu bestätigen, wonach Kinder, aber auch Erwachsene als Opfer auf »Snuff-Videos« (das sind Videos, bei denen die Mißhandlung bis zum Tod des Opfers gefilmt wird) abgefilmt wurden.

Patrick Felsner: Satanismus und Ritueller Mißbrauch – Aktuelle Entwicklungen und Konsequenzen für die Jugendhilfe, Hamburg 1996.

3. *Psychopathologisch-ritueller Mißbrauch*

Er beruht auf einem Wahn- und Zwangssystem von Einzeltätern und ist häufig nur unter großen Schwierigkeiten vom kultisch-rituellen Mißbrauch zu unterscheiden. Im Vordergrund stehen dabei meist massive sexuelle Perversionen.[73]

Im wesentlichen lassen sich drei Ebenen des Mißbrauchs unterscheiden: psychologischer Mißbrauch, körperliche Mißhandlungen und sexueller Mißbrauch. Der psychologische Mißbrauch kann tiefe Furcht, Amnesien und Dissoziationen erzeugen, die später nur durch aufwendige Therapiekonzepte behandelbar erscheinen. Techniken, die zur Disziplinierung und Kontrolle der Opfer angewendet werden, entstammen dem Bereich der Folter und der psychologischen Kriegführung von Armeen. Dazu gehören auch Vergewaltigungsszenarien, von einzelnen oder mehreren Tätern begangen, um das Opfer auf sadistische Art und Weise zu erniedrigen.

Bei sogenannten magischen Operationen versucht man mit Süßigkeiten und Getränken betäubten Kindern einzureden, daß sie magisch operiert sind und ihnen eine Bombe, ein Dämon und ähnliches eingepflanzt wurde, die sie qualvoll vernichtet, wenn sie sich Fremden, Nichteingeweihten gegenüber äußern. Tiere, beispielsweise Schlangen, Spinnen, Hunde, werden zur Einschüchterung von Kindern und Jugendlichen eingesetzt, manchmal unter Einbeziehung sodomistischer Praktiken. Oder man zwingt Kinder, Tiere auf bestialische Weise zu töten. Die menschlichen Exkremente Kot und Urin spielen ebenso wie Sperma und vor allem Blut eine wichtige Rolle während der Rituale. Verkleidungen kommen zur Einschüchterung von Kindern ins Spiel. Wobei Verkleidungen als Priester, Ärzte, Richter, Polizi-

73. Vgl. ebd.

sten dazu dienen, das Vertrauen des Opfers in diese Berufsgruppen zu erschüttern und Angst vor ihnen zu erzeugen, um eine Offenbarung zu verhindern. Häufig tragen Täter Kutten mit Kapuzen, die mit rituellen Zeichen verziert sind. Auch Hochzeits- und Gebärrituale müssen Kinder und Jugendliche über sich ergehen lassen.[74]

Die Frage nach der Realität solcher Taten hat inzwischen zu einem Expertenstreit geführt, in dem der jeweiligen Gegenseite entweder vorgeworfen wird, sie verschließe die Augen vor den offensichtlichen Tatbeständen oder sie betreibe das Geschäft der Hysterie. Natürlich gibt es Auswüchse in bestimmten therapeutischen Verfahren (Erinnerungstherapien), und man kann sich leider manchmal des Eindrucks nicht erwehren, daß der Klient in einen »Satanismus« hineingetrieben wird.

Wir müssen davon ausgehen, daß bei der Durchführung des rituellen Mißbrauchs die in der Fachwelt anerkannten und von Lifton entwickelten acht Kriterien der Mind-Control zur Anwendung kommen:

- Milieukontrolle,
- mystische Manipulation, geplante Spontaneität,
- Forderung nach Reinheit,
- Kult des Sündenbekenntisses,
- Geheiligte Wissenschaft,
- Manipulation der Sprache,
- Vorrang der Lehre vor dem Menschen und
- Zu- und Aberkennung der Existenzberechtigung.[75]

74. Ebd.; vgl. auch Judy Spencer: Jenny – Das Martyrium eines Kindes, Frankfurt/M. 1995; ferner Michaela Huber: Multiple Persönlichkeiten – Überlebende extremer Gewalt, Frankfurt/M. 1995.
75. Vgl. Robert J. Lifton: Thought Reform and the Psychology of Totalism – A Study of Brainwashing in China, New York 1961.

Satanistischer Feste- und Feiertagskalender

In der satanistischen Ritual- und Magiepraxis kommt bestimmten Feiertagen mit ihren Festen eine besondere Bedeutung zu. Es fällt in diesem Zusammenhang auf, daß satanistische Feste sowohl auf die Traditionen christlicher Feste, Zeiten und Gedenktage Bezug nehmen als auch auf Volksbräuche und keltische Überlieferungen. Dabei kommt es häufig zur Verhöhnung christlicher Festinhalte.

Der Jahreszeitenkalender beginnt am 31. Oktober/1. November (Samhain), auch Hexenneujahr genannt. Dabei ist nicht zu übersehen, daß dieser Beginn in allen Okkult-Ideologien mit der Reifezeit (= Fruchtbarkeit) zusammenfällt.

In keltischen Vorstellungen spielten die Nächte eine wesentliche Rolle in der Zeiteinteilung, ähnlich wie in Israel, wo der Tag mit dem Sonnenuntergang endet und der »Vorabend« zum nächsten Tag gezogen wird. Für den satanistischen Kalender[76] sind die Vorabende und Nächte deshalb von besonderer Bedeutung, weil es sich meist um »dunkle«, nur nachts zu feiernde und der »Finsternis« geweihte Rituale handelt. Da sie »zwischen den Tagen« stattfinden, ist die Datierung oftmals nur mit einer gewissen Toleranz zu akzeptieren.

Weitere Ritualzeiten beziehen sich auf die Geburtstage der Mitglieder. Okkult-ideologische Gruppen benutzen diese Zeiten, um die Geburtstagskinder in Ritualen zu mißbrauchen. Daneben kommt der Zeit des Vollmondes für Ritualopferungen oder sexuelle Orgien eine besondere Bedeutung zu.

76. Vgl. Gabriele Lademann-Priemer in: Claudius Kontur: Warum faszinieren Sekten? München 1998.

Nun darf man allerdings nicht der Vorstellung anheimfallen, daß in allen satanistischen Kreisen jeder der im Kalender aufgeführten Feiertage und Feste eine wesentliche Rolle spiele. Auch werden (zum Glück) in der Praxis diese Rituale kaum jemals so durchgeführt, wie die Theorie sie beschreibt. Der Kalender soll deshalb eine Hilfe bieten, um Verhaltensweisen von vielleicht involvierten Teilnehmern und (symbolhafte) Auffälligkeiten an bestimmten Ritualorten besser einordnen zu können. Satanistische Bezeichnungen, Interpretationen und Rituale sind kursiv gedruckt.[77]

1. Januar: Neujahrsfest (Oktavtag von Weihnachten; Beschneidung und Namengebung Jesu)
Lichtfest
Die Neujahrsnacht birgt nach dem Volksglauben schlimme Gefahren in sich, es ist Geisterzeit. Häuser werden zum Schutz besonders durchräuchert. Fruchtbarkeitsriten werden ausgeführt. Es heißt: Wie der Neujahrstag, so das ganze Jahr.

7. Januar: Winebaldstag (?)
Blutfest
Opfer von Tieren und Menschen, von Mädchen zwischen sieben und siebzehn Jahren. Suche nach menschlichen und tierischen Opfern, um sie zu verstümmeln.
Es ist nicht festzustellen, woher die Angabe »St. Winebald« stammt. Für den 7. 1. sind St. Valentin von Passau und in der alt-irischen Kirche St. Brannoc belegt, in dessen Umfeld Schweine als Weisheitsträger gelten.

17. Januar: Satanisches Fest
Oraler und vaginaler Sex.
Eigentlich: St. Antonius, Mönchsvater in Oberägypten, Kämpfer gegen dämonische Versuchungen, Patron der am

77. Aus: Gabriele Lademann-Priemer, ebd.

»Antoniusfieber« Erkrankten, der unheilbaren und zum Wahnsinn führenden Krankheit, die vom Mutterkornpilz verursacht wird.

20. Januar: Vorabend von St. Agnes
Hexenfest
Praktizieren von Wahrsagerei.
Die heilige Agnes, eine der beliebtesten Heiligen in Deutschland, deren Keuschheit nach der Legende durch ihren Bräutigam, Christus selbst, geschützt wurde, starb als Märtyrerin durch das Schwert. Sie galt als Vorbild für christliche Jungfrauen und Patronin der Kinder. Mädchen glaubten, in der Nacht zum Agnestag ihren künftigen Gatten zu erblicken. – Neujahrswünsche kommen bis zum Agnestag rechtzeitig!

20. – 27. Januar: Zeit der Opfervorbereitung
Zeit vor Februar: *Imbolc*
Zeit, Menschen zu kidnappen, sie einzusperren und zeremoniell auf das Opfer vorzubereiten.

25. Januar: Großer Gipfel – Höhepunkt
Oraler und vaginaler Sex.
Fünf Wochen und einen Tag nach Winterbeginn: Sexorgien, Opfern von Frauen und Kindern.
Bekehrung des heiligen Apostels Paulus; Oktavtag des gallikanischen Cathedra-Petri-Festes.

2. Februar: Mariae Lichtmeß
Hexenfest
Tierische und menschliche Opfer werden gebracht, sexuelle Riten praktiziert, sexueller Verkehr mit Mädchen von sieben bis siebzehn Jahren sowie mit Tieren.
Begrüßung des Frühlings auf der Nordhalbkugel der Erde. Lichtmeß ist angeblich für das Wetter der kommenden

Zeit und somit für die Fruchtbarkeit der Felder entscheidend. In der Messe zur Darstellung Jesu im Tempel werden Kerzen gesegnet, denen Schutzkräfte zugeschrieben werden; sie sollen bei Gewitter angezündet werden. Das Haus wird vor Behexung geschützt. An Lichtmeß geborene Kinder holt die heilige Maria nach dem Volksglauben bald wieder aus der Welt.
Vorchristlich ist die »Umwandlung der Göttin von der Mutter zur Jungfrau.«

25. Februar: St. Walburgistag
Blutmesse
Opferung von Tieren.
Der 25. Februar wird als Todestag der heiligen Walburga gefeiert, die mit Bonifatius aus England auf den Kontinent kam. Sie gilt als Patronin der Bauern und Landwirte und wird bei Hundebissen, Tollwut und Husten angerufen.

1. März: St. Eichardt (?)
Blutmesse
Trinken von Menschen- oder Tierblut zur Krafterlangung und Huldigung der Dämonen.

21. März: Frühlingsäquinoktium, Frühjahrsanfang
Großes Fruchtbarkeitsfest
Sexueller Verkehr aller, ungeachtet Alter und Geschlecht. Opferung von Tieren und Menschen.

24. März: Fest des Tieres
Sechzehnjährige Mädchen werden in einer Hochzeitszeremonie die Braut Satans.
Der 24. März ist der Vorabend zum Fest der Verkündigung der Geburt des Herrn (alter Name: Mariae Verkündigung), neun Monate vor Weihnachten.

Der *April* spielt im »Festtagskalender« eine besondere Rolle, nicht nur, weil die »Hochfeste« der Christenheit in diesen Zeitraum fallen, sondern als Äquivalent dazu auch wichtige Feiern und Rituale im Satanismus.
Die Datierung der Heiligen Woche, also der Karwoche und Ostern, ist abhängig vom ersten Frühlingsvollmond (der Ostersonntag kann frühestens der 22. März, spätestens der 25. April sein). In der Tradition der lutherischen Kirchen kommt dem Osterfest als Vierzeitenfest zum Frühlingsanfang seine hohe Bedeutung zu. Satanistische Vorstellungen nehmen die Tradition des Vierzeitenfestes auf:

Unheiliger Donnerstag,
Karfreitag (*Verspottung des Todes Christi, tierische und weibliche Opfer*),
Karsonnabend (Vorabend des Osterfestes – *menschliche und tierische Opfer)* und
Ostersonntag – »unheiliger Sonntag« (*menschliche und tierische Opfer, auch Kinderopfer – es folgt ein dreitägiges Fasten und Singen; Fasten nach Ostern bedeutet Verneinung der Auferstehung Christi).*
Christlich ist das Fasten von Aschermittwoch bis Karsamstag, also vor Ostern.

19. – 26. April: Vorbereitung auf das Große Opfer
Kidnapping und zeremonielle Vorbereitung der Opfer.

24. April: Vorabend des Tages des Evangelisten Markus (25. April: fünf Wochen und ein Tag nach dem Frühjahrsäquinoktium).
Sammlung von Kräutern und betäubenden Pflanzen.
Der Markustag hatte besondere Bedeutung für die Landwirtschaft; an ihm waren die Litaniae maiores – der ältere Bittgang – zu halten, mit Litanei und Bittamt. In den Litaniae maiores, einer von Papst Gregor d. Gr. neubeleb-

ten römischen Flurprozession, ging es um die Bitte um fruchtbaren Regen. Der Markustag wird daher zu den »Los- und Wettertagen« gezählt. Man fürchtete Schaden durch Dämonen in der Nacht zum Markustag.

26. - 30. April: Das Große Opfer
Zeit vor Beltaine, Sommerbeginn (altirisch).

30. April: Walburgisnacht
Satans Geburtstag - einer der wichtigsten Feiertage im satanistischen Kalender. Mädchen zwischen einem und fünfundzwanzig Jahren können geopfert werden.
In der Walburgisnacht regen sich nach dem Volksglauben die Geister, und allerlei Zauber wirkt sich aus. (In Würzburg, so sagt man, fährt der Teufel in einer prächtigen Kutsche durch die Stadt, unterirdische Glocken läuten; die Saale fordert ihre Opfer.) Der 1. Mai und die Nacht davor sind den Hexen preisgegeben, Haus und Hof müssen durch Schutzmittel gesichert werden. Jedoch: Wenn es in der Walburgisnacht regnet, gibt es ein gutes Jahr. Wer mit einem körperlichen Schaden vor 11 Uhr an einen Kreuzweg geht, lasse den Schaden dort, und die Hexen nehmen ihn mit zum Brocken (andernorts ist der Blocksberg der Hexenberg).
In der Harzregion wird die große Hexennacht noch heute als touristische Attraktion gepflegt.

1. Mai: Tag der heiligen Walburga, Walpurgis (Datum ihrer Heiligsprechung)
Beltane (Beltene): Beginn des Sommerhalbjahres (altirisch)
Feuerfest, »druidisches« Feuerritual, Einleitung (?) des Hexensabbats.
Schon die Druiden trieben Beschwörungen zum Schutz des Viehs vor Krankheit. Die Nacht vom 30. April zum 1. Mai und der 1. Mai sind eine Mischung aus Gut und Böse,

Nahtstelle zwischen den Jahreszeiten. An dieser Nahtstelle gibt es Liebesorakel und Orakel über den Tod. Die Elfenwesen ziehen wieder aus ihrer Welt in die irdische Natur ein (Entsprechung zum 1. November).

Ende Mai – Anfang Juni: Fronleichnam (Hochfest des Leibes und Blutes Christi) am Donnerstag nach dem Dreifaltigkeitssonntag (= Sonntag nach Pfingsten. Also abhängig vom Osterdatum, da Pfingsten der 50. Tag der Osterzeit ist.)
Verspottung des Leibes und Blutes Christi (Umkehrung des Festinhaltes).

21. Juni: Sommersonnenwende, Sommeranfang
Allgemeiner Festtag, sexueller Verkehr aller, auch Sodomie; tierische und menschliche Opfer.

24. Juni: Fest der Geburt Johannes des Täufers (Tradition in der lutherischen Kirche: Vierzeitenfest zum Sommeranfang)
Sommerfest – die Sonne wird angerufen, Tag der Zauberer und Feuerfest.
Die natürliche Sonne hat ihren höchsten Stand erreicht und nimmt von nun an ab, der Blick richtet sich auf Christus, die himmlische Sonne, deren Vorläufer Johannes ist. Johannisfeuer sind vor allem in Skandinavien verbreitet.

1. Juli: Satans Festnacht
Sexuelle Vereinigung von »Satan« und seinen Anhängerinnen. Mißbrauch minderjähriger Mädchen, besonders von Jungfrauen. Sammeln von Kräutern.
Möglicher Bezugspunkt:

2. Juli: Fest der Heimsuchung Mariae

10. Juli: »Unheiliger Tag« des Palladium
Lesen alter satanistischer Ritualbücher.
(Palladium: Heiligtum, heiliges Bild; ursprünglich himmlisches Bild – Kultbild der Pallas Athene).

20. – 27. Juli: Vorbereitung des Großopfers
Kidnapping und zeremonielle Vorbereitung.
Zeit vor Lammas (Erntezeit).

25. Juli: Apostel Jakobus
Satanischer Feiertag, Vorabend des Opferfestes
St. Jakob wird als Apostel und Märtyrer verehrt sowie als Pilger (Legende von der wunderbaren Reise seines Sarges nach Compostela und seiner damit verbundenen Erscheinung als Maurenbekämpfer in Spanien). Er wird angerufen für das Gedeihen der Feldfrüchte. – Beginn der Heuernte.

26. Juli: Fünf Wochen und ein Tag nach der Sommersonnenwende
Oraler und vaginaler Verkehr. Opferung von Frauen und Kindern.

1. August: Lammas (Beginn der Erntezeit – altirisch)
Tierische und menschliche Opfer.
Lammas markiert die Wende vom Sommer zum Herbst. »Lammas« ist vermutlich abgeleitet von »loaf mass« (Laibmesse) als Fest des frischen Brotes. Eine andere Ableitung bezieht sich auf »Lugnasad« und den keltischen Gott Lug.

3. August: Satanisches Fest
Mißbrauch von Mädchen zwischen einem und siebzehn Jahren. (Wahrscheinlich besteht ein Bezug zum 1. August.)

24. August: Apostel Bartholomäus
Kräutersammeln und Fest mit Feuerwerk.
Bartholomäus soll in Indien und Armenien das Evangelium verkündet haben, dort habe er den Märtyrertod durch Schinden und Enthauptung erlitten. Er gilt als Helfer in der Krankheit.

7. September: Satans Hochzeit
Opferung und Verstümmelung von Mädchen unter einundzwanzig Jahren.

20. September: »Mitternachtsmesse«
Verstümmelung von Mädchen unter einundzwanzig Jahren.
(Vorabend des Herbstäquinoktiums und des Tages des Apostels und Evangelisten Matthäus)

21. September: Herbstäquinoktium (und Tag des Apostels und Evangelisten Matthäus)
Sexueller Verkehr aller, tierische und menschliche Opfer.

Bemerkenswerterweise enthält der satanistische Kalender keinen Hinweis auf den 29. September, das Fest des Erzengels Michael und aller Engel. (Tradition in der lutherischen Kirche: Vierzeitenfest zum Herbstanfang)

22. – 29. Oktober: Vorbereitung des Großopfers
Kidnapping und zeremonielle Vorbereitung.
Zeit vor Samhain (altirisch – siehe 1. November)

26. Oktober: Fünf Wochen und ein Tag nach dem Herbstäquinoktium
Oraler und vaginaler Verkehr, Opferung von Frauen und Kindern.

29. Oktober: »Heiliger Abend« (Blutfest)
Sexueller Verkehr aller.

30. Oktober: Vorabend von Halloween
Alle heiligen Säfte

31. Oktober: Halloween
Blut- und Sexualrituale, sexuelle Vereinigung von »Satan«, »Dämonen« und Mitgliedern. Tierische und menschliche Opfer.
»The Evening of All Hallows [= All Saints = Allerheiligen] is a time when evil spirits can appear to triumph the good. Many celtic prayers take the form of protective charms which are designed to preserve the christian soul from the forces of darkness. God's shield to protect me from snares of the demons, from evil excitements, ... from one man or many, thats seek to destroy me anear or afar« (Toulson).
Halloween wird im Volksbrauch mit Vermummung, eventuell mit der Darstellung von Toten gefeiert. Tote werden bewirtet. Es geht um die Auseinandersetzung mit den Mächten des Chaos. Fruchtbarkeit und Leben tragen jedoch den Sieg davon.

1. November: Samhain-Jahresbeginn (Beginn der Zeit der Finsternis / altirisch)
Die Nacht vorher ist gleichsam zeitlos, die Trennung von Mensch und »Anderswelt« ist aufgehoben. Die Gestalten der »Anderswelt« drängen hervor, Helden sterben am Samhain. Die Finsternis kommt. Die Elfenwesen ziehen sich am 1. November aus dieser Welt in die »Anderswelt« zurück (Entsprechung zum 1. Mai)
und 2. November: Feier des Todes
Opferung von Menschen.
Liturgisch ist der 1. November »Allerheiligen«, Gedenktag der Gemeinschaft der Heiligen aller Zeiten, der 2. November »Allerseelen«, Gedenktag der Verstorbenen.

4. November: Satanisches Fest
Mißbrauch von Mädchen zwischen einem und siebzehn Jahren. (Wahrscheinlich besteht ein Bezug zum 1. und 2. November.)

21. Dezember: Apostel Thomas, Wintersonnenwende
Feuerwerk, tierische und menschliche Opfer.
Der kürzeste Tag des Jahres galt als geeignet zur Erforschung der Zukunft, er galt ferner als Unglückstag, da an ihm Luzifer aus dem Himmel gestoßen worden sein soll. Man könne sich an diesem Tag dem Teufel verschreiben, die »wilde Jagd« gehe um. Zum Schutz wurden Haus und Stall ausgeräuchert, daher die Bezeichnung »Rauhnacht«.

24. Dezember: Vorabend des Christfestes
Dämonischer Abend. Trauerabend wegen der in dieser Nacht gefeierten Geburt Christi. Sexueller Verkehr aller, tierische und menschliche Opfer.
(Tradition in der lutherischen Kirche: Christfest als Vierzeitenfest zum Winteranfang.)

Konfliktfeld Schule und Freizeit

In den Schulen und im Freizeitbereich von Jugendgruppen begegnen wir in der Regel nur Formen des jugendzentristischen Satanismus und satanistischem Gedankengut aus dem Black Metal-Bereich. Gleichwohl ist nicht auszuschließen, daß Jugendliche und junge Erwachsene auch in fest strukturierte und ritualisierte Organisationen involviert sind. Wir müssen davon ausgehen, daß die Schulen eine Plattform bieten – etwa in den Klassenverbänden oder während der Pausen –, satanistisches Gedankengut und Informationen darüber, wo etwas stattfindet, weiterzugeben. Unter anderem sind in diesem Rahmen erste Anwerbeversuche durchaus gängig. Als beliebte Rekrutierungsorte für neue Anhänger bieten sich für Satanisten ferner Szenekneipen und Diskotheken im Dark-Wave-Bereich an. Zu Recht spekuliert man von satanistischer Seite darauf, daß sich an diesen Orten überwiegend Jugendliche aufhalten, die sich für die »schwarze Seite des Lebens«, für Esoterik und Okkultismus interessieren und einem magischen Weltbild gegenüber aufgeschlossen sind.

Welcher Typ Jugendlicher könnte für den Satanismus anfällig sein? Die ehemalige US-amerikanische Elterninitiative CAN (Cult Awareness Network) nennt einige Merkmale: intelligent, kreativ, überwiegend männlichen Geschlechts, geringes Selbstbewußtsein, Schwierigkeiten im Umgang mit Gleichaltrigen, Verlierertypen, religionsentfremdet. Als weitere Anzeichen werden hervorgehoben: Unterlegenheitsgefühle (Minderwertigkeitskomplexe),

Kontrollverlust und Schwierigkeiten in der Verarbeitung von Angst- und Schuldgefühlen.[78]

Weitere Indizien der Verwicklung sind nach CAN:

- völlige Abhängigkeit von Fantasy-Spielen mit okkulten oder satanistischen Inhalten;
- völlige Abhängigkeit von Black Metal-Musik;
- Besitz und Lesen von Magie-, Hexen- und satanistischer Literatur (»Satanic Bible«) und Zauberbüchern (»Book of Shadow's«, »6. Buch Mose«);
- Besitz von Ritualgegenständen: in Menschengestalt geformte Kerzen, magisch gestylte Leuchter, Räucherwerk, Ritualdolche, Pentagramme, ein umgedrehtes Kreuz usw.;
- Gebrauch der Zahl 666;
- Tragen von Amuletten und Talismanen;
- ritueller Drogengebrauch, wobei der Gebrauch oft durch Räucherwerk überdeckt wird;
- unerklärliche Ängste und wahnhafte Furchtzustände;
- Extreme Geheimniskrämerei, bei der bestimmte Dinge verheimlicht werden, die irgendwie auf die Beziehung zu den Ritualen oder Gruppen hinweisen könnten;
- die Angst, über die eigene Involvierung zu sprechen, weil zum Beispiel geglaubt wird, »die anderen« (aus der Gruppe) könnten dies auf magische Weise erfahren und sich rächen.[79]

Kennzeichen einer ernsthaften Involvierung ist das auch bei Krisen angstvolle Einhalten der Arkandisziplin. Es kommt kaum ein vernünftiges Gespräch zustande. Selbst ein harmloses »Sich-informieren-Wollen« wird ängstlich oder hysterisch abgewiesen. Das hängt entscheidend mit sieben Faktoren zusammen:

78. Ebd.
79. Ebd.

1. Furcht: Rituell praktizierende, mißbrauchte und geschädigte Kinder, Jugendliche und Erwachsene werden von tiefer Angst überwältigt. Sie sind hyperwachsam und haben das Gefühl, ständig beobachtet zu werden.[80]
2. Schuldgefühle und Angst vor der Entdeckung: Den Involvierten wird ganz schnell anerzogen, was sie von der Außenwelt und von der Gruppe selber zu befürchten haben, wenn sie sich als »Satansjünger« outen. Das »Einimpfen« von Schuldgefühlen bei »Verrat« gehört zu den gängigen Techniken.
3. Einsamkeit: Sie haben das Gefühl, daß auf keine Person Verlaß ist. Zu große Enttäuschungen produzierte die Gruppe in ihrer Erlebniswelt. Eltern zum Beispiel unterzogen ihre Kinder rituellen »Gewaltpraktiken«.
4. Identifizierung mit der Gruppe und ein Gefühl persönlicher Schlechtigkeit: Rituell praktizierende, mißbrauchte und geschädigte Kinder, Jugendliche und Erwachsene tendieren dazu, sich mit dem Bösen, das die Sekte durchführt, zu identifizieren. Dieses Gefühl, »zu den schlechten Leuten zu gehören«, führt oft zu Zwängen, sich in physisch und sexuell aggressiver Weise zu verhalten.[81]
5. Wut darüber, Opfer geworden zu sein: Sie kann dazu führen, daß sich ein Involvierter in verhaltensauffälliger Weise seiner Umwelt nähert. Die Äußerungsformen reichen von Verbalattacken bis Aggressionsausbrüchen.
6. Verlust des Selbstwertgefühls.
7. Fehlen des freien Willens: Als Ergebnis von Techniken wie »magischer Chirurgie« oder der Wahrnehmung, daß beherrschende böse Geister vorhanden sind und daß die Anführer in der Lage sind, alle Schritte des Involvierten zu kontrollieren. Die Involvierten bekommen das Gefühl,

80. Vgl.: Ritual Abuse – Report of the Ritual Abuse, Task Force, Los Angeles County Commission for Woman.
81. Ebd.

es gebe keine Wahl als zu gehorchen, und leiden weiter unter Schuld- und Schamgefühlen.[82]
Bei einer Thematisierung von »Satanismus« halten sich die Mitglieder solcher Gruppen auffallend zurück. Falls eine Verhaltensauffälligkeit bei Schülern auf eine solche Verbindung hinweist, sollten Pädagogen das Gespräch mit dem Betroffenen nur an einem »geschützten Ort« führen, der von anderen Schülern nicht aufgesucht wird. Das ist wichtig, damit ein angstfreies Gespräch, ohne das Gefühl der Beobachtung von vielleicht anderen involvierten Schülern, möglich ist. Sollten Schüler sich in selbstdarstellerischer Weise im Unterrichtsgespräch damit hervortun, daß sie »Mitglieder in einem Satanszirkel« sind, ist die Vermutung angebracht, daß es sich um einen jugendzentristischen Kult handelt.
Auch ist nicht davon auszugehen, daß »Satanisten« immer an Äußerlichkeiten zu erkennen wären. So sind schwarze Kleidung und weiß getünchte Gesichter noch lange kein Ausweis einer Satanismusinvolvierung; bestenfalls können wir diese Jugendlichen und jungen Erwachsenen dem »Grufti-Umfeld« zurechnen, das meist nichts oder nur wenig mit dem Satanismus gemein hat. Hier werden oft irrtümlich oder unsachlich »Gothics«, die dem Tod und Sterben eine ästhetische Komponente abgewinnen wollen, mit Satanisten in einen Topf geworfen.
Auch T-Shirts mit Satanssymbolen (zum Beispiel der Gruppe »Bad Religion« oder anderer Metal-Bands), Anhänger oder Ohrstecker machen noch nicht den »Satansanhänger« kenntlich. Meistens sind das nur Zeichen eines Aufbegehrens gegen das Establishment. Es gibt aber durchaus äußere Zeichen, die auf eine Satanismuszugehörigkeit schließen lassen. Allerdings befinden sich diese oft an normalerweise von der Kleidung bedeckten Stellen des

82. Ebd.

Körpers (zum Beispiel tätowierte Schlange auf dem Penis oder Tätowierungen im Achsel- und Schambereich).
Eine andere Auffälligkeit ist die augenscheinliche Wesensveränderung von satanismusinvolvierten Personen. Das Verhalten ändert sich völlig gegenüber dem bisherigen. Freundliche und aufgeschlossene Personen bekommen einen düsteren, depressiven und manchmal auch einen brutalen Zug. Auch verändert sich ihr Welt- und Menschenbild. Verherrlichung oder Verharmlosung von Kriegen, Grausamkeiten, Neigung zur »Herrenmenschenideologie«, blasphemische Äußerungen zum christlichen Glauben, zur Kirche usw. prägen ihre Aussagen.
Krisenhafte psychotische Ausfallserscheinungen bei Mädchen und jungen Frauen können auf einen rituellen Mißbrauch (etwa eine Vergewaltigung) hinweisen. In diesem Fall ist die sofortige Inanspruchnahme eines Psychologen oder Psychotherapeuten ratsam.

Beraterprofil und Beratungsansätze

Immer wieder werde ich gefragt, ob es nicht gefährlich ist, sich als Berater auf das Feld destruktiver Kulte zu begeben, nach dem Motto: »Wer sich in Gefahr begibt, kommt darin um!« Meine Antwort lautet dann, daß ich es mir nicht ausgesucht habe; die involvierten Menschen und die verzweifelten Angehörigen standen vor der Tür und baten um Hilfe. Sollte ich als Christ und »Funktionär« einer Kirche ihnen diese verweigern? Es ging also in erster Linie darum, mich in die Lage zu versetzen, als kompetenter Gesprächspartner zur Verfügung stehen zu können. Meiner Ansicht nach sind die erste Voraussetzung für gute Beratungsarbeit Informationen und noch einmal

Informationen. Es genügt nicht, die Geschichte satanistischer Vorstellungen und die systematisch-theologische Reflexion über dieses Thema zu kennen, und sei es auch noch so gut. Unabdingbar sind Kenntnisse aus der aktuellen Szene, zum Beispiel darüber, welche Techniken der Milieu- und Gedankenkontrolle eine Rolle spielen und wann und wie sie angewendet werden.

Solche Informationen und der Austausch mit anderen »Experten« führen zum einen dazu, daß das analytische Bewußtsein des Beraters geschärft wird; der zweite – wichtigere – Effekt ist der, daß er in die Lage versetzt wird, die Situation realistisch einzuschätzen, um sich unaufgeregt und möglichst angstfrei in diesem Bereich zu bewegen. Das gilt überall in der Welt, aber gerade in der Beschäftigung mit Satanismus ist es wichtig, keine Ängste zu entwickeln! Das ist leichter gesagt als nachvollzogen, denn in der Beratung werden einem die abscheulichsten Tatbestände genannt: Mordgeständnisse, sexuelle Mißbrauchs- und Vergewaltigungsszenarien, Berichte über ekelerregende nekrophile[83] Handlungen oder Praktiken des Ekeltrainings bis hin zu Blutritualen, um nur einiges zu nennen.

Es ist nicht ungewöhnlich, daß in den Beratungen und Seelsorgegesprächen »Klienten« Ausfallserscheinungen aufweisen oder andere Verhaltensauffälligkeiten an den Tag legen. Wut, Scham, Verletztheit, extreme Angst suchen sich im Gespräch ihr Ventil. Der Berater sollte ein einfühlsamer Zuhörer mit Distanz sein. Nicht gefragt sind falsch verstandene Mitleidsbekundungen, die sich schnell zu einem die Distanz aufgebenden Mitleiden auswachsen können. Deshalb sollte man von Zeit zu Zeit die eigene Beratungsarbeit im kollegialen Gespräch, besser noch supervisorisch, begleiten lassen.

83. Nekrophilie bedeutet: geschlechtlicher Umgang mit Toten.

Bei aller nötigen Distanz muß der Berater und Seelsorger bereit sein, dem »Klienten« darüber Auskunft zu geben, was denn in seinem eigenen Leben durchträgt, vielleicht sogar über den Tod hinaus. Die Frage danach zielt auf das Menschen-, Welt- und Gottesbild des Beraters. Nur ein Beispiel: Gerade intellektuell gebildete Satanisten haben sich oft gründlich mit dem Dualismus in der Religionstheorie beschäftigt. Sie erwarten von ihrem Gesprächsgegenüber einen offen vorgetragenen Standpunkt. Der meine ist: Ich halte eine dualistische Auffassung des Weltganzen aus theologischer Sicht für nicht begründbar und kann sie somit nicht der eigenen Argumentation zugrunde legen.
Aber das dualistische Weltbild – also die Ansicht, das Weltganze werde von zwei einander entgegengesetzten Mächten bestimmt, einer guten und einer bösen, Gott und Teufel – und die damit einhergehende Klassifizierung aller Lebensbereiche in ein Schwarz-Weiß-Schema ist in fundamentalistisch geprägten christlichen Kreisen und pfingstlerischen Gruppen ständig präsent. Hier gibt es zum Beispiel sogenannte »Dämonenlisten«, die den Benutzer auffordern, alle Dinge und Bereiche zu meiden und im Gebet zu bekämpfen, die eine satanisch-dämonische Behaftung aufweisen. So erstellte ein Pastor einer Pfingstgemeinde in Niedersachsen folgende Liste, die in verschiedenen Pfingstgruppierungen zirkulierte:

»Ursachen für dämonische Belastungen

Prinzip: Alles, was eine Kraft hat, die nicht natürlich erklärt werden kann und nicht vom HERRN kommt, ist vom Feind und führt zu dämonischen Belastungen.

1. Okkulte Praktiken (schwarze und weiße Magie)
Hexerei, Zauberei, Satanismus, Satansmessen, Hingabe an den Teufel, Anrufung des Teufels, Wahrsagen, Hand-

linienlesen, Karten legen, Teeblätter und Kaffeesatz lesen, Bleigießen, Ouija-Brett, Tarotkarten, Wünschelruten, Pendeln, Besprechen, Astrologie, Horoskope, Spiritismus, Gläserrücken, Tischerücken, Sprechen mit Toten, Telepathie, Parapsychologie, Alchemie, 6. und 7. Buch Mose.

2. Okkulte Heilmethoden
Akkupunktur, Akkupressur, Fußreflexzonenmassage, Irisdiagnose, Homöopathie, anthroposophische Medikamente, Geistheiler, Magnetiseur, Besprechen, Bependeln, bestimmte Kräutertees, Weleda-Produkte.

3. Entspannungs- und Versenkungstechniken
Autogenes Training, TM, Hypnose, Yoga, Biofeedback, bioenergetisches Training, Eurythmie, zen-buddhistische Versenkungstechniken, Rebirthing, Gruppendynamik.

4. Östliche Religionen und Philosophien
Buddhismus, Hinduismus, Taoismus, Lehren des Konfuzius, Schamanismus, Islam.

5. Sekten und Irrlehren
Mormonen, Zeugen Jehovas, Children of God, New Age, Theosophie, Rosenkreutzer, Anthroposophie, Christliche Wissenschaft, Freimaurer, Illuminati, Verehrung von Heiligen, von Maria und von Götzenbildern.

6. Okkulte Gegenstände
Okkulte Bücher, Buddha-Statuen, Statuen von anderen Göttern und Götzen, afrikanische Götterbilder, Amulette, Marienfiguren, Heiligenfiguren, besprochene oder bependelte Gegenstände, Schlangenschmuck, Kleidung und Schmuck mit okkulten Symbolen, okkulte Bilder (Kunst).

7. Aberglaube
Hufeisen, vierblättrige Kleeblätter, Vogelschreie, Bauernregeln, Zahlenglaube (13), schwarze Katze, keine Wäsche über Neujahr aufhängen, toi-toi-toi, auf Holz klopfen...

8. Dämonische Einflüsse
Rockmusik, Heavy Metal, TM-Musik, Horrorfilme, Pornofilme, okkulte Filme, Rauschgift, Tabletten- und Alkoholsucht.

9. Tatsünden
Abtreibung, Mord, Selbstmordversuch, Selbstzerstörung, Totenkult, alle sexuellen Sünden: Prostitution, Homosexualität, Sodomie, Transvestiten, Masochismus, Sadismus, Inzest, Vergewaltigung, sexueller Mißbrauch von Kindern, sexueller Kontakt mit Geistern und Toten.«[84]

Hier wird deutlich, daß bei einer solch generellen Verteufelung eine sachgerechte Beratung von satanismusinvolvierten Personen nicht möglich ist. Meistens wird in einer oberflächlichen Art und Weise eine Bekehrung von der »schwarzen« zur »weißen« Seite durch einen Befreiungsdienst angeboten, ohne daß es zu einer echten Aufarbeitung der Erlebnisse durch die Betroffenen kommt.

Seelsorgerische Praxis

Was sollte bei einem Geständnis von Straftaten oder Ordnungswidrigkeiten von Berater- oder Seelsorgerseite aus getan werden?

84. Archiv Ingolf Christiansen.

Das Gespräch mit den Eltern von Betroffenen sollte erst nach einer sorgfältigen »anamnetischen« Bestandsaufnahme des tatsächlich Geschehenen in Frage kommen. Oberster Grundsatz muß bleiben: Keine Panik verbreiten! Wenn die Situation nicht eingeschätzt werden kann, unbedingt professionellen Rat und Hilfe einholen! Auch sollten Pädagogen sich darüber im klaren sein, daß sie rechtlich keinesfalls (ausgenommen in gewisser Hinsicht die Vertrauenslehrer) für sich eine »Schweigepflicht« in Anspruch nehmen können und deshalb zum Beispiel bei einer »Beichte« von Straftatbeständen die Pflicht haben, diese bei der Polizei anzuzeigen! In diesem Fall ist es unabdingbar, sich den Rat von Experten einzuholen, damit einem unnötiger juristischer Ärger erspart bleibt. Sollte es regional schon häufiger zu Straftaten im okkult-idelogischen Milieu gekommen sein, ist es ratsam, schon im Vorfeld Kontakt zu Polizeibeamten für den Jugendbereich aufzunehmen, um mit ihnen zusammen die Situation zu reflektieren.
Auch denke ich, daß in diesem Bereich institutionsübergreifende Helfersysteme sinnvoll sind, da die Probleme mit satanismusinvolvierten Personen und ihren zu verantwortenden Straftaten gesamtgesellschaftlicher Art sind. Als typisches Beispiel dafür sei auf Kirchenschändungen und Friedhofsvandalismus hingewiesen. Das als ein Problem nur der Kirchen zu verstehen, greift zu kurz. Es muß deutlich werden, daß von solchen Tabubrüchen die gesamte Gesellschaft betroffen ist. Dementsprechend muß die Reaktion darauf auch entsprechend vielschichtig ausfallen. Alle gesellschaftlichen Verbände, von Sportverbänden über Gewerkschaften bis hin zu kirchlichen Organisationen, sollten unter Einschaltung der lokalen Medien (Rundfunk und Presse) signalisieren, daß einer solchen unmenschlichen Verhaltensweise der Kampf angesagt wird. Dementsprechend kann es auch ein wichti-

ges Zeichen sein, trauernden Angehörigen, die unter Friedhofsvandalismus (Verwüsten des Grabes) zu leiden hatten, bei der Wiederherrichtung der Grabstelle Hilfe zu leisten. Als nützliches Instrumentarium haben sich in vielen Kommunen die sogenannten »Präventionsräte gegen Gewalt von Jugendlichen an Schulen und im Freizeitbereich« erwiesen. Bei Aufklärungsveranstaltungen erhalten besorgte Eltern und andere Mitbürger genauere Informationen über die Hintergründe solcher Verhaltensweisen und Praktiken, und oftmals ist die Entwicklung geeigneter Handlungsstrategien das Ergebnis der Zusammenkünfte.

Die Beichte als Angebot zur Freiheit

Das Wort »Beichte« kommt von dem althochdeutschen »bejehan«, das heißt soviel wie »bejahen«. In diesem Sinne erhält Beichte die Bedeutung: sich selbst bejahen, sich nicht etwas vormachen müssen, zu seiner Fehlerhaftigkeit stehen. Versagens- und Verlorenheitsängste haben hier genauso ihren Platz wie das Eingeständnis eigener Schuld.

Naturgemäß gehört das zu den schwierigsten Handlungsweisen in unserem Leben. Wir haben alle eine Scheu davor, gegenüber uns selbst objektiv zu sein. Uns fehlt der Mut, die Wahrheit über unser Ich zu akzeptieren, und wir lehnen es ab, einer »höheren Instanz« gegenüber verantwortlich zu sein. Lieber halten wir uns modernistisch an den Gedanken des »Unabhängig sein wollens« von Gott oder weltlichen Autoritäten. Deshalb greifen so viele Menschen zu dem Hilfsmittel der Selbsterlösung, ohne zu begreifen, daß sie auf diesem Wege sich ihrer Verantwortung nicht entledigen können. Wir werden von uns aus nicht mit unserer Vergangenheit fertig.[85] Wir bedürfen der Vergebung.

Wie können wir mit diesem Dilemma umgehen? Indem ich mir wieder das Angebot der Vergebung durch Jesus Christus vergegenwärtige. »Ich bin der Weg, die Wahrheit und das Leben, niemand kommt zum Vater, denn durch mich«, sagt Jesus (Johannes 14,6) und lädt mich ein, diesen Weg einzuschlagen. Es ist gewiß wahr, daß sein Heilsangebot der Vergebung universal zu verstehen ist; trotzdem kann nur jeder einzelne dieses Heil auch annehmen. Wodurch kann die Annahme der Vergebung geschehen? Zum Beispiel durch tägliche Stille (Stille Zeit) im Gebet und beim Bibellesen, Gottesdienst, Liturgie, Predigt, Heiliges Abendmahl und Beichte.

Martin Luther schrieb der Beichte exorzistische Kraft zu: »Die heimliche Beichte will ich mir von niemandem nehmen lassen und wollte sie nicht um der ganzen Welt Schätze geben, denn ich weiß, was Stärke und Trost sie mir gegeben hat. Ich wäre längst vom Teufel überwunden und abgewürgt worden, wenn mich diese Beichte nicht erhalten hätte« und bot in seinem Kleinen Katechismus folgende Erklärung an: »Die Beichte begreift zwei Stücke in sich. Eines, daß man die Sünde bekenne, das andere, daß man die Absolution oder Vergebung vom Beichtvater empfange als von Gott selber und ja nicht dran zweifle, sondern fest glaube, die Sünden seien vergeben von Gott im Himmel.«

Die Beichte kann helfen, den Weg zu Christus zu weisen, und sie schafft und vertieft die Gemeinschaft der Sünder, gemäß dem christlichen Verhaltensgrundsatz: »Einer trage des anderen Last« (Galater 6,2). Eine prak-

85. Vgl. Arthur Stephan in seinem Aufsatz »Schuld und Vergebung« in: Der christliche Glaube, Gladbeck 1968.

tikable Ordnung für eine Einzelbeichte könnte folgender Entwurf sein[86]:

»Beichtiger: Der Friede des Herrn sei mit dir.
Beichtender: Amen.
Beichtiger: Du bist gekommen, um Gott dem Heiligen und Allwissenden deine Beichte abzulegen. Darum bekenne vor mir als dem Diener der Kirche, was dich beschwert und was du bereust.
Beichtender: (etwa) Vor Gott dem Heiligen und Allwissenden bekenne ich... Das alles ist mir leid. Ich bitte um Gnade, ich will mich bessern.
Danach fragt der Beichtiger: Hast du deine Beichte beendet?
Beichtender: Ja
Beichtiger: Knie nieder und bete mit mir also: Gott, sei mir gnädig nach deiner Güte und tilge meine Sünde nach deiner großen Barmherzigkeit. Schaffe in mir, Gott, ein reines Herz und gib mir einen neuen, gewissen Geist. Verwirf mich nicht von deinem Angesicht und nimm deinen Heiligen Geist nicht von mir (Psalm 51).
Beichtender: Amen.
Beichtiger: Gott sei dir gnädig und stärke deinen Glauben. Amen.
Dann fährt der Beichtiger fort: Glaubst du auch, daß die Vergebung, die ich dir zuspreche, Gottes Vergebung ist?
Beichtender: Ja.
Der Beichtiger legt dem Beichtenden die Hand auf und spricht: Wie du glaubst, so geschehe dir. In Kraft des Befehls, den der Herr seiner Kirche gegeben hat, spreche ich dich frei, ledig und los: Dir sind deine Sünden vergeben.

86. Aus: Evangelischer Erwachsenenkatechismus, Gütersloh 1975, Kapitel 3.3 Beichte und Vergebung.

Im Namen des Vaters und des Sohnes und des Heiligen Geistes. Amen.
Der Gott des Friedens heilige dich durch und durch, und dein Geist ganz samt Seele und Leib müsse bewahrt werden unsträflich auf die Zukunft unseres Herrn Jesu Christi. Getreu ist er, der dich ruft; er wird's auch tun. Gehe hin in Frieden.
Beichtender: Amen.«

Ist eine Einzelbeichte nicht möglich, kann auch die Teilnahme an einer gemeinsamen Beichte (etwa im Rahmen eines Abendmahlsgottesdienstes) empfohlen werden.
Zum Schluß sei an dieser Stelle darauf hingewiesen: »Unverbrüchliche Verschwiegenheit des ordinierten Seelsorgers ist Vorbedingung des Vertrauens, das konstruktiv zur Seelsorge gehört. Der Seelsorger sollte aber in bestimmten Fällen ausdrücklich den Ratsuchenden fragen dürfen, ob er diesen konkreten Fall (unter Auslassung aller Namen und Umstände) in einem zum Schweigen verpflichteten Team oder mit einem Fachmann/-frau besprechen darf. Das seelsorgerliche Schweigegebot gilt dann auch für das Team ebenso wie für den einzelnen Seelsorger.«[87]
Das schließt selbstverständlich die Verschwiegenheitsverpflichtung gegenüber Behörden, zum Beispiel Strafverfolgungsbehörden (Polizei und Staatsanwaltschaft) oder Gericht ein. Das kann manchmal schon an die Grenzen der eigenen Belastbarkeit führen, wenn geplante oder ausgeübte Verbrechen gebeichtet wurden. Und der Hinweis nach supervisorischer oder kollegialer Begleitung sei an dieser Stelle wiederholt.

87. Aus: »Zeitgerechte Seelsorge« in: Evang. Erwachsenenkatechismus, a. a. O.

Exorzismus-Befreiungsdienst

In diesem Abschnitt möchte ich auf eine Form der Hilfe für Satanismusinvolvierte eingehen, die vor allem in den südlichen Ländern unter dem Einfluß der römisch-katholischen Kirche eine Rolle spielt, aber auch in fundamentalistisch-charismatischen Kreisen hierzulande: den »Exorzismus«. Der österreichische Pastoralanthropologe Karl Erwin Schiller stellte in einem Aufsatz für die Zeitschrift »Amt und Gemeinde« drei theologische Grundauffassungen von Besessenheit und Dämonismus in der heutigen Christenheit fest:

1. Die Besessenheitsphänomene in Vergangenheit und Gegenwart werden naiv realistisch anerkannt.
2. Das Wirken von Dämonen gibt es nicht, weil es keine Dämonen gibt.
3. Nach den Aussagen der Heiligen Schrift existieren böse Geister, die auf Menschen schädlich wirken können; aber wir können uns heute die Dämonen und deren Aktivitäten nicht mehr so naiv-realistisch vorstellen, wie das in der Bibel und im Mittelalter möglich war.[88]

In protestantisch-fundamentalistischen und charismatisch-pfingstlerischen Kreisen wird die erste Auffassung favorisiert, und man bezeichnet die häufig praktizierte Form der Hilfe als »Befreiungsdienst«. Es besteht die Vorstellung, daß durch das Praktizieren von Okkultismus der Satan, der Teufel, ein Anrecht auf diese Menschen bekommt. Es spielt dabei keine Rolle, ob der Betroffene selber sich in diesen Praktiken übt. Es genügt, wenn sie an ihm vollzogen wurden. In manchen christlichen Kreisen geht man sogar noch weiter. Man behauptet, eine satani-

88. Karl Erwin Schiller: »Besessenheit und Exorzismus«, in: Amt und Gemeinde, März 1975.

sche Behaftung liege auch dann vor, wenn bei Vorfahren des Okkultleidenden satanistische Betätigung nachweisbar ist. So schreibt Manfred Bönig, ein Zeltmissionar der »Freien evangelischen Gemeinden« in Deutschland: »Es hat aber auch bereits seine schrecklichen zeitlichen Folgen, die sich aus dem Kontakt zu den okkulten Praktiken ergeben. Es kommt nämlich zu einer inneren Bindung an den Satan, durch die er den menschlichen Willen manipuliert, steuert und beherrscht. Das kann sogar bis hin zur Besessenheit führen, wodurch die ganze menschliche Persönlichkeit unter die Diktatur von Dämonen kommt.«[89] Die Bindung an Satan führt nach Bönig unweigerlich in die Verdammnis und begründet letztlich das vehemente Aktivwerden der Christen, Menschen aus der Umklammerung Satans herauszulösen, sie zu befreien. Dazu müssen aber die Symptome einer okkulten Belastung genau diagnostiziert werden. Bönig widmet dieser Fragestellung ein ganzes Kapitel in seinem Büchlein unter der Überschrift »Symptome okkulter Belastung«. Ich will diese Ausführungen ausführlicher zitieren, weil sie exemplarisch für ein bestimmtes biblizistisch-fundamentalistisches Denken stehen. Hinzufügen muß ich allerdings, daß ein solches Denken für eine sachgerechte Beratung Betroffener und die daraus resultierende Befreiung von ihren Zwängen eher hinderlich ist.

»Symptome okkulter Belastung
Entsprechend den Wesenszügen, die die Bibel dem Teufel und seinen Dämonen zuschreibt, zeigen sich Eigenschaften bzw. Merkmale bei Menschen, die durch okkulte Praktiken unter einen besonderen Einfluß dämonischer Mächte geraten sind:

89. Manfred Bönig: Im Bannkreis dämonischer Mächte – Wege zur Befreiung, Wuppertal 1987.

1. Der Teufel ist ein friedloser Geist (Luk. 11,24): Innere Zerrissenheit, nervöse Unruhe, Unrast und Friedlosigkeit finden sich auch bei okkult belasteten Menschen wieder.
2. Der Teufel ist der Mörder von Anfang an (Joh. 8,44): Entsprechendes findet sich auch bei Menschen in der Gewalt Satans: Streitsucht, Jähzorn, Haß, ein betonter Hang zur Unversöhnlichkeit und Aggression, zur Brutalität, wie auch Sadismus, Rufmord, Mordgelüste. Solche Menschen neigen ebenfalls dazu, sich selber zu zerstören durch einen ausschweifenden Lebensstil, durch Alkohol- oder Drogensucht, bis hin zum Selbstmord. Auch so manche unerklärbare ›Todessehnsucht‹ bis hin zu einer tiefen Depression kann hier ihre Ursache haben (siehe das biblische Beispiel und Schicksal von König Saul: 1. Sam. 16, 14ff; 19,9ff; 28,7ff).
3. Der Teufel ist der Herr der unsauberen Geister (Matth. 10,1): Eine ›unreine Bindung‹ im sexuellen Bereich ist fast immer bei Menschen festzustellen, die der Satan durch okkulte Praktiken an sich gebunden hat. Hurerei, Ehebruch, Prostitution, der sexuelle Umgang mit einem gleichgeschlechtlichen Partner (Homosexualität, lesbische Liebe), mit Kindern (sogar mit den eigenen) und mit Tieren (Sodomie) sind typische Auswirkungen dämonischer Gebundenheit. Auch der Drang, sich in seiner Nacktheit darzustellen (Entblößungssucht), kann hierher gehören. Die ungehemmte pornografische Lust unserer Tage jedenfalls hat schon geradezu dämonische Züge.
4. Der Teufel ist der Vater der Lüge (Joh. 8,44): Die Lust zum Lügen, zur Verlogenheit, zur Tücke und Täuschung findet sich auch besonders ausgeprägt bei Menschen, die sich dem Okkultismus geöffnet haben. Auch viele Irrlehren in den christlichen Kirchen haben hier ihren eigentlichen Ursprung.

5. Der Teufel ist der Widersacher Gottes (Matth. 13,35.39): Menschen, die unter okkultem Einfluß stehen, sind oft völlig verschlossen gegenüber dem Wort Gottes und allem Göttlichen. Viele sind gar nicht fähig zu glauben, und kämpfen dauernd mit Lästergedanken, besonders, wenn sie beten wollen. Unlust und Abneigung gegenüber der Bibel sind typische Symptome okkulter Belastung. Es kommt auch häufig vor, daß solche Menschen regelmäßig in den Schlaf fallen, wenn sie einen Gottesdienst besuchen. Oder man kann einfach nicht zuhören.
6. Der Teufel ist der Fürst dieser Welt: Alle Reiche der Erde stehen unter seiner Gewalt. ›All diese Macht und dieser Reiche Herrlichkeit gehört mir und ich kann sie schenken, wem ich will‹ (Luk. 4,5-7). Diese stolze Selbstherrlichkeit des Satans findet sich oftmals auch bei Menschen wieder, die unter dämonischem Einfluß stehen. Und sie zeigt sich weiter in Herrschsucht, übersteigertem Geltungsstreben, Ruhmsucht, maßloser Prunksucht und unersättlicher Genußsucht. Aber auch der Neid, das An-sich-reißen und der Geiz sind Wesenszüge des Teufels.«

Der Verfasser bekommt nun (zum Glück) doch noch die Kurve und schreibt weiter: »Es ist jedoch sehr gefährlich, anhand dieser Liste eine Selbstdiagnose vorzunehmen oder andere Menschen mit dem Etikett ›okkult belastet‹ zu versehen. Und zwar deshalb, weil die genannten Merkmale mehr oder weniger bei jedem Menschen auftreten – denn von Natur aus sind alle Menschen der Herrschaft des Teufels unterworfen (Eph. 2,2)!«

Was soll so ein Kapitel in einem Buch, das sich der Leserschaft als Ratgeber andient? Hier wird der unbedarfte Leser in Angst und Schrecken versetzt. Im schlimmsten Fall kommt es zu paranoiden Phobien, und man beleuchtet

hysterisch seinen Alltag, ob nicht irgendwo dämonische Erscheinungen auffällig werden, die dann durch entsprechende Verhaltensweisen (Gebetsrituale) unschädlich gemacht werden müssen.
Was es bedeutet und welche Konsequenzen es in sich birgt, wenn man in einen biblizistischen Dualismus verfällt, läßt sich sehr gut an der »Seelsorgepraxis« eines »Pastors« einer Pfingstgemeinde in Bayern nachvollziehen, der bei einem weiblichen Mitglied der Gemeinde wegen ihrer sexuell freizügigen Lebensweise einen Voodoo-Dämon im Unterleib diagnostizierte. Dieser sei in sie eingedrungen während einer früheren Partnerschaft mit einem Schwarzafrikaner und sollte durch einen Befreiungsdienst unschädlich gemacht werden, damit die Frau, losgelöst von ihrer dämonischen Behaftung, wieder als »gute (pfingstlerische) Christin« ihr Leben gestalten konnte. Obwohl sie deutlich bekundete, an einem »Exorzismus« nicht teilnehmen zu wollen, wurde die »Besessene« nach einem Gottesdienst in der Gemeinde von mehreren männlichen Gemeindegliedern festgehalten. Die Ehefrau des »Pastors« salbte die sich heftig wehrende Frau mit Baby-Öl im Unterleib (bis zur Gebärmutter) und im Analbereich. Ein zweites Mal setzten die »Teufels- und Dämonenaustreiber« die junge Frau in ihrer eigenen Wohnung fest, um einen weiteren »Exorzismus« vorzunehmen. Diesmal versperrte man die Türen, damit sie nicht fliehen konnte. Wieder kam es zu ähnlichen Praktiken wie beim ersten »Befreiungsdienst«. Die Anklageschrift der Staatsanwaltschaft macht zu Recht deutlich, was von einer solchen, nach Ansicht der Angeklagten »religiösen und seelsorgerlichen Handlung« von Staats wegen zu halten ist. Die beiden Hauptangeklagten, das Pastoren-Ehepaar, wurden bezichtigt:
»...1. einen anderen mit Gewalt genötigt zu haben, außereheliche sexuelle Handlungen des Täters oder eines

Dritten an sich zu dulden, und 2. durch eine Handlung widerrechtlich einen Menschen eingesperrt und auf andere Weise des Gebrauchs der persönlichen Freiheit beraubt, einen anderen rechtswidrig mit Gewalt zu einer Handlung, Duldung oder Unterlassung genötigt und, von mehreren gemeinschaftlich begangen, einen anderen körperlich mißhandelt zu haben, strafbar als gemeinschaftliche sexuelle Nötigung und gemeinschaftliche Freiheitsberaubung mit Nötigung und mit gefährlicher Körperverletzung...«[90]

Vor über 100 Jahren, 1898, gab es eine der heute noch wichtigen Stellungnahmen der evangelischen Christenheit zu Besessenheit und Exorzismus. Die »Realenzyklopädie für protestantische Theologie und Kirche« schrieb: »Die Beurteilung der Besessenheitserscheinungen ist nämlich von dem allgemeinen Weltbild abhängig, das im Bewußtsein des Kranken, der Ärzte und Geistlichen lebt. Trotz Aufklärung und Fortschritten der Naturwissenschaften ist die naiv supranaturale Auffassung dieser Dinge auch heute noch keineswegs überwunden... Da wir Theologen keine kompetenten Beurteiler der vorliegenden psychischen Tatsachen sind, so haben wir Belehrungen anzunehmen von Medizinern, die gerade in neuerer Zeit den Besessenheitserscheinungen ein sorgfältiges Studium gewidmet haben.«[91]

90. Anklageschrift der Staatsanwaltschaft Nürnberg, Az: 229 Js 20368/93, 1994. Archiv Ingolf Christiansen.
91. Realenzyklopädie für protestantische Theologie und Kirche, Bd. 4, 1898, S. 418, zitiert in dem Aufsatz von Johannes Mischo »Ein interdisziplinärer Zugang zum Thema ›Dämonische Besessenheit‹« in: Materialdienst der EZW 6/1987.

Als Resümee können wir festhalten:

1. Exorzismus ist im strengen Sinne des Wortes eine unchristliche Angelegenheit.[92] Mit seinen Beschwörungsanteilen okkult-magischer Natur greift er in die Hoheitsrechte Gottes ein. Die mittelalterlichen Vorstellungen von Exorzismus können angesichts der über Europa hinweggegangenen »Aufklärung« nicht restauriert werden.
2. Das geistliche Anliegen des Exorzismus, nämlich die Auseinandersetzung und der Kampf mit dem Bösen und den dunklen Mächten, darf nicht aus dem Blickfeld geraten. Es gründet im Sieg Christi am Kreuz, der durch die Taufe sichtbar wird, und hat seinen berechtigten Platz in einem seelsorgerlichen Prozeß.
3. Der französische Dichter Marcel Proust stellte einmal fest: »Man ist nur durch das, was man besitzt. Oder werden wir besessen?« Die Seelsorge der Kirche wird sich diesen beiden Überlegungen selbstkritisch stellen müssen. Die, welche Seelsorge treiben, und die, an den Seelsorge geübt wird, sind gerade in unserem Massenzeitalter oft »besessener« als sie ahnen.[93] Die Kirche besitzt eine evangelische Botschaft, die heute viel zuwenig gehört wird: »Wen der Sohn freimacht, der ist recht frei.« Solches will aber im Glauben angenommen sein und seelsorgerlich bezeugt werden.
4. Die Existenz und Aktivitäten von Dämonen sind wissenschaftlich nicht nachweisbar, aber auch nicht widerlegbar.[94] Sie sind demnach nur dem Glaubenden als Hypothese (Modellvorstellung), nicht als Realität er-

92. Vgl. Werner Jentsch: »Exorzismus als theologisches Problem – Eine Grundsatzfrage der Seelsorge heute«, in: Pastoralblätter 4/1959.
93. Ebd.
94. Karl Erwin Schiller, a. a. O.

faßbar. Deshalb kann jeder durchgeführte Exorzismus nur durch eine Glaubensentscheidung legitimiert werden.

5. Selbst die römisch-katholische Kirche hat nach 385 Jahren die Richtlinien für die »Teufelsaustreibung« im Handbuch »De Exorcismis« durch den Vatikan modernisiert. Auch wenn meines Erachtens diese als Neuerungen gefeierten Richtlinien nicht den Durchbruch in der Exorzismusdebatte gebracht haben, zeigen sie zumindest eine Bewegung in die richtige Richtung an. Es wird erstens festgehalten, daß der exorzierende Priester nicht mehr allein agieren soll, sondern im Bedarfsfall sollen auch »gläubige« Psychiater und Mediziner hinzugezogen werden. Zweitens soll der Imperativ »Weiche, Satan!« nicht mehr allein angewandt, sondern durch Bitt- und Befreiungsgebete zu Gott ergänzt werden.[95]
6. Wir brauchen den »Teufel« nicht, schon gar nicht als »Zuchtmeister« Gottes. Christlicher Glaube kommt ohne ihn aus. Er ist kein »Gegengott«, der eine Gleichwertigkeit nur unter umgekehrten Vorzeichen besitzt. Wir sollten vielmehr der christlichen Botschaft, wo auch Platz ist für neue Horizonte, Phantasie und Abenteuer, den Raum geben, der den Menschen die Möglichkeit verschafft, sich den positiven Aspekten menschlichen Lebens zuzuwenden.

95. Vgl. auch »Abschied vom Teufel«. Interview mit dem Theologen Herbert Haag in: Skeptiker 3/1999.

Literaturhinweise

Barth, Hans-Martin u. a.: Der Emanzipierte Teufel. Literarisches, Psychologisches, Theologisches zur Deutung des Bösen, München 1974

Berger, Klaus: Wozu ist der Teufel da? Stuttgart 1998

Billerbeck, Liane und Nordhausen, Frank: Satanskinder – Der Mordfall Sandro B., Berlin 1994

Cammans, Heidemarie: Okkultismus – zwischen Suche und Sucht, Recklinghausen 1990

Cavendish, Richard: Schwarze Magie, Berlin 1980

Crispino, A. M. (Hg.): Das Buch vom Teufel. Geschichte – Kult – Erscheinungsformen, Frankfurt/M. 1987

Crowley, Aleister: Liber Al vel Legis, Bergen 1993

Dvorak, Josef: Satanismus. Geschichte und Gegenwart, München 1994

Eschner, Michael D.: Die geheimen Unterweisungen und Rituale des Hermetischen Ordens der Goldenen Dämmerung, Bd. 1 und Bd. 2 und die Flying Rolls, Bergen/Dumme 1993

Grandt, Guido und Michael: Schwarzbuch Satanismus. Innenansichten eines religiösen Wahnsystems, Augsburg 1995

Gregorius, Gregor A.: Satanische Magie, Berlin 1983

Gregorius, Gregor A.: Aleister Crowley – Magische Rituale, Berlin 1980

Gregorius, Gregor A.: Abdul Alhazred »Das Necronomicon«, Berlin 1980

Haack, Annette und Fr.-Wilhelm: Jugendspiritismus und -satanismus, München 1990

Haack, Fr.-Wilhelm: Anmerkungen zum Satanismus, München 1991

Haag, Herbert: Abschied vom Teufel. Vom christlichen Umgang mit dem Bösen, Zürich 1990

Haag, Herbert: Teufelsglaube. Mit Beiträgen von Katharina Elliger, Bernhard Lang und Meinrad Limbeck, Tübingen 1974

Helsper, Werner: Okkultismus – die neue Jugendreligion? Symbolik des Todes und des Bösen in der Jugendkultur, Opladen 1992

Höhn, Michael: Kritischer Ratgeber Okkultismus, Köln 1993

Introvigne, Massimo und Türk, Eckhard: Satanismus zwischen Sensation und Wirklichkeit, Freiburg 1995.
Kall, Alfred: Religion betrifft uns. Der Teufel. Planungsmaterial für den Religionsunterricht 3/1991, Aachen
König, Peter-R.: Der kleine Theodor-Reuss-Reader, Augsburg 1993
Kolakowski, Leszek: Gespräche mit dem Teufel. Acht Diskurse über das Böse München 1986
Lehmberg, F. W. (Hg.): Magische Sonderdrucke und Interna der Fraternitas Saturni, München 1980
Lorenz, Konrad: Das sogenannte Böse, Wien 1971
Niehl, Franz W.: Wie wahr ist der Mythos? Stichworte und Materialien über den Teufel. Bausteine für den Religionsunterricht (5.-10.), Materialbrief 1/1988, Deutscher Katecheten-Verein, München
Ohlemacher, Jörg (Hg.): Unterrichtspraxis Religion. Loccumer Beiträge zum RU, Heft 1 »Hölle«, Hannover 1994
Religion betrifft uns, »Der Teufel - Sympathy for the devil?«, Aachen 3/1991
Religion heute, Thema »Das Böse«, Frankfurt/M. 1/März 1989
Ru, Zeitschrift für die Praxis des Religionsunterrichts, »Kehrt der Teufel wieder?«, München 4/Dezember 1991
Schuller, Alexander und Rahden, Wolfert von (Hg.): Die andere Kraft. Zur Renaissance des Bösen, Berlin 1993
Schwaiger, Georg (Hg.): Teufelsglaube und Hexenprozesse, München 1988
S., Ricarda: Satanspriesterin. Meine Erlebnisse bei einer schwarzen Sekte, München 4/1995
Schmidt, Joachim: Satanismus - Mythos und Wirklichkeit, Marburg 1992
Spee, Friedrich von: Cautio criminalis oder Rechtliches Bedenken wegen der Hexenprozesse, deutsch von J. F. Ritter, Forschungen zur Geschichte des deutschen Strafrechts I, Weimar 1939
Tillich, Paul: Das Dämonische. Ein Beitrag zur Sinndeutung der Geschichte. In: Gesammelte Werke IV, Stuttgart 1963, 42-72
Wenisch, Bernhard: Über das Böse, Freiburg 1959
Wenisch, Bernhard: Satanismus, Mainz/Stuttgart 1988
Zacharias, Gerhard: Der dunkle Gott - Satanskult und Schwarze Messe, Wiesbaden 1982

Informationsstellen und Beratungsangebote

Evangelische Landeskirchen

Anhalt: Pfr. i.R. Dr. Karl-Wilhelm Berenbruch, Beauftragter der Ev. Landeskirche Anhalts, Allee 23, D-06493 Ballenstedt/Harz, Tel.: 03948/380318

Baden: Pfr. Dr. Badewien, Akademiedirektor, Beauftragter der Badischen Landeskirche, Postfach 2269, D-76010 Karlsruhe, Tel.: 0721/9175 357 / 359 Fax: 0721/9175 363

Bayern: Pfr. Dr. Wolfgang Behnk, Beauftragter für Sekten- und Weltanschauungsfragen der Ev.-Luth. Kirche in Bayern, Marsstr. 19, D-80335 München, Tel.: 089/5595610 Fax: 089/5595613

Pfr. Bernhard Wolf, Beauftragter der Ev.-Luth. Kirche in Bayern für religiöse und geistige Strömungen, Burgstr. 7, D-90403 Nürnberg, Tel.: 0911/214 2180 Fax: 0911/214 2181

Berlin-Brandenburg: Pfr. Thomas Gandow, Provinzialpfarrer für Sekten- und Weltanschauungsfragen der Ev. Kirche in Berlin-Brandenburg, Heimat 27, D-14165 Berlin-Zehlendorf, Tel.: 030/81 57040 Fax: 030/84509640

Bremen: Pastor Helmut Langel, Ev. Beauftragter für Sektenfragen, Heymelstr. 35, D-28359 Bremen, Tel.: 0421/231991

Braunschweig: Propst Armin Kraft, Schützenstraße 23, D-38100 Braunschweig, Tel.: 0531/4718 27 Fax: 0531/4718 47

Görlitzer Kirchengebiet: siehe Schlesische Oberlausitz

Hamburg: Pastorin Dr. Gabriele Lademann-Priemer, Pastor Jörn Möller, Arbeitsstelle für Sekten- und Weltanschauungsfragen, Feldbrunnenstr. 29, D-20148 Hamburg, Tel.: 040/413224 70 Fax: 040/413224 18

Hannover: Dr. Ralf Geisler, Beauftragter für Weltanschauungsfragen der Hannoverschen Landeskirche, Postfach 265, D-30002 Hannover, Tel.: 0511/1241 972 Fax: 0511/1241 499

Ingolf Christiansen, Beauftragter der Ev. Kirche Göttingen, Nikolasberger Weg 73, D-37073 Göttingen, Tel.: 0551/59765 Fax: 0551/487175

Hessen und Nassau: Pfr. Dr. Fritz Huth, Beauftragter der Ev. Kirche in Hessen und Nassau, Riedstr. 2, D-64295 Darmstadt, Tel.: 06151/3670 94 Fax 06151/3670 03

Kurhessen-Waldeck: Pfr. Eduard Trenkel, Beauftragter der Ev. Kirche von Kurhessen-Waldeck für Sekten-, Weltanschauungs- und Islamfragen, Wilhelmshöher Allee 330, D-34131 Kassel, Tel.: 0561/9378 243 Fax: 0561/9378 424

Lippe: Pastor Claus Wagner, Beauftragter der Ev. Landeskirche Lippe, Molinder Graseg 10, D-32657 Lemgo, Tel.: 05261/71240

Mecklenburg: Landespastor Dr. Matthias Kleiminger, Domplatz 12, D-18273 Güstrow, Tel.: 03843/683964

Niedersachsen: siehe Hannover

Nordwestdeutschland: Pastor Johannes Göhler, Beauftragter für Sekten- und Weltanschauungsfragen der Ev.-reformierten Kirche in Nordwestdeutschland, Neue Straße 21, D-27624 Ringstedt, Tel.: 04708/242 (auch Fax)

Oldenburg: Pfr. Rainer Schumann, Beauftragter der Ev.-Luth. Kirche in Oldenburg für Sekten- und Weltanschauungsfragen, Wilhelmstr. 27, D-26121 Oldenburg, Tel.: 0441/16237 Fax: 0441/13807

Pommern: Superintendent Reinhold Garbe, Beauftragter der Ev.-Luth. Landeskirche Pommerns, Wolgaster Str. 6, D-17509 Wusterhusen, Tel.: 038354/22110

– Pfr. Friedrich von Kymmel, Beauftragter der Ev.-Luth. Landeskirche Pommerns, Dorfstr. 50, D-17406 Morgenitz/Usedom, Tel.: 038372/70251 (auch Fax)

Rheinland: Pfarrer Joachim Keden, Beauftragter der Ev. Kirche im Rheinland, Rochusstr. 44, D-40479 Düsseldorf, Tel.: 0211/3610 246 Fax: 0211/3610 223

Sachsen: Pastorin Ingrid Dietrich, Beauftragte der Ephorie Leipzig-West der Ev.-Luth. Landeskirche Sachsens, Giordano-Bruno-Str. 1, D-04249 Leipzig, Tel.: 0341/4791168 (auch Fax)

Schlesische Oberlausitz (Görlitzer Kirchengebiet): Pfr. Jörg Michel, Ev. Kirche der schlesischen Oberlausitz, Martin-Luther-King-Haus, Postfach 3344, D-02965 Hoyerswerda, Tel.: 03571/414 227 (auch Fax)

Thüringen: Kirchenrat Dr. Friedrich Büchner, Beauftragter für Sekten- und Weltanschauungsfragen der Ev.-Luth. Kirche in Thüringen, Fritz-Koch-Str. 7, D-99817 Eisenach, Tel.: 03691/215572 (auch Fax)

Westfalen: Pfr. Dr. Rüdiger Hauth, Beauftragter der Ev. Kirche von Westfalen für Sekten- und Weltanschauungsfragen, Amt für missionarische Dienste, Postfach 101051, D-44010 Dortmund, Tel.: 0231/5409 57 od. 5409 60 Fax: 0231/5409 66

Württemberg: Evangelischer Gemeindedienst – Arbeitsstelle für Weltanschauungsfragen, Dr. Hansjörg Hemminger, Pfarrer Walter Schmidt, Postfach 101352, D-70012 Stuttgart, Tel.: 0711/2068 237 Fax: 0711/2068 322

Freikirchen

Selbständige Ev.-Luth. Kirche (SELK): Pastor Hinrich Brandt, Kirchlicher Beauftragter, Lange Str. 84, D-31552 Rodenberg, Tel.: 05723/3579

Ev.-Reformierte Kirche in Bayern: Pfr. Norbert Müller, Kirchlicher Beauftragter, Kurt Eisner-Str. 50, D-81735 München, Tel.: 089/674263

Katholische Diözesen und bischöfliche Ämter

Aachen: Beratungs- und Informationsdienst für Sekten- und Weltanschauungsfragen, Herbert Busch, Beeker Str. 115, D-41844 Wegberg, Tel.: 02434/6778 Fax: 02434/25055

– Dr. Hermann-Josef Beckers, Bischöfl. Generalvikariat, Klosterplatz 7, D-52062 Aachen, Tel.: 0241/452 419 oder 374

Augsburg: Dipl. theol. Hubert Kohle, Beratungsstelle für Religions- und Weltanschauungsfragen der Diözese, Kappelberg 1, D-86150 Augsburg, Tel.: 0821/31522 12 Fax: 0821/31522 28

Bamberg: OStR. Matthias Rehrl, Artur-Landgraf-Str. 33, D-96049 Bamberg, Tel.: 0951/54450
– siehe auch Eichstätt

Berlin: Pater Klaus Funke OP, KASW-Berlin (Katholischer Arbeitskreis) Dominikanerkloster St. Paulus, Oldenburger Str. 46, D-10551 Berlin-Moabit, Tel.: 030/3397 322 00 Fax: 030/327 322 01

Dresden-Meißen: Kaplan Gerald Kluge, Karl-Liebknecht-Str. 15, D-01662 Meißen, Tel.: 03521/469614 Fax 03521/469 626

Eichstätt: Dipl. theol. Ludwig Lanzhammer, Beauftragter der Diözesen Bamberg und Eichstätt, Vordere Sterngasse 1, D-90402 Nürnberg, Tel.: 0911/24449 511 Fax: 0911/24449 519

Essen: Dipl. theol. Klaus Gerhards, Postfach 1428, D-45004 Essen, Tel.: 0201/2204280

Freiburg: Dipl. theol. Albert Lampe, Referat Sekten – Weltanschauungsfragen, Okenstr. 15, D-79108 Freiburg/Brsg., Tel.: 0761/ 5144 136 Fax: 0761/5144 102

Fulda: Pfr. Ferdinand Rauch, Beauftragter für Sekten und Weltanschauungsfragen, Armand-Ney-Str. 22, D-36037 Fulda, Tel.: 0661/6022 05 (auch Fax)

Hildesheim: Dipl. Päd. Marion Hiltermann, Referat Sekten und Weltanschauungen, Bischöfl. Generalvikariat, Domhof 18-21, D-31134 Hildesheim, Tel.: 05121/307 337 Fax: 05121/307 488

Köln: Dipl. theol. Werner Höbsch, Erzbistum Köln, Abt. Jugendseelsorge, Marzellenstr. 32, D-50606 Köln, Tel.: 0221/ 1642313

Limburg: Referat für Weltanschauungsfragen, Dipl. theol. Lutz Lehmhöfer, Eschenheimer Anlage 21, D-60318 Frankfurt am Main, Tel.: 069/1501149 Fax: 069/5975503

Magdeburg: Rosel Förster, Seelsorgeamt, Max-Josef-Metzger-Str. 1, D-39104 Magedburg, Tel.: 0391/3800

Mainz: Dipl. theol. Eckhard Türk, Grebenstr. 24–26, D-55116 Mainz, Tel.: 06131/253284

München-Freising: Dipl. theol. Hans Liebl, Dachauer Str. 5/ V, D-80335 München, Tel.: 089/5458 130 Fax: 089/5458 115

Münster: Brigitte Hahn, Postfach 1366, D-48135 Münster, Tel.: 0251/495 449 Fax 0251/495 307

Nürnberg: Dipl.Theol. Ludwig Lanzhammer, Referat für Sekten- und Weltanschauungsfragen der Diözesen Bamberg und Eichstätt, Vordere Sterngasse 1, D-90402 Nürnberg, Tel.: 0911/24449 511 Fax: 0911/24449 519

Osnabrück: Dipl. theol. Ludger Plogmann, Beauftragter für Sekten und Weltanschauungsfragen, In den Sandbergen 27, D-49808 Lingen, Tel.: 0591/64967 Fax: 0591/64560

Paderborn: Theo Wegemann, Erzbischöfl. Generalvikariat, Domplatz 3, D-33098 Paderborn, Tel.: 05251/125468 Fax: 05251/125470

Passau: Dipl. theol. Martin Göth, Innbrückgasse 13a, D-94032 Passau, Tel.: 0851/393366 Fax: 0851/393264

Regensburg: Dipl. theol. Hans Rückerl, Roritzerstr. 12, D-93047 Regensburg, Tel.: 0941/5839 401 Fax: 0941/5839 402

Rottenburg-Stuttgart: Referat Religions- und Weltanschauungsfragen, Postfach 9, D-72101 Rottenburg, Tel.: 07472/169 586/419 Fax: 07472/169609

Schwerin: Kaplan Michael Sobiana, Niels-Stensen-Weg 1, D-23936 Grevesmühlen, Tel. 03881/2324 (auch Fax)

Speyer: Dipl. Theol. Christoph Bussen, Domplatz 3, D-67343 Speyer, Tel.: 06232/102218 Fax: 06232/102403

Trier: Hans Neusius, Referat für Weltanschauungs- und Sektenfragen, Hinter dem Dom 6, D-54290 Trier, Tel.: 0651/71055 26 Fax: 0651/7105 405

Betroffeneninitiativen und ähnliche Gruppen
(Auswahl)

Baden-Württemberg: Baden-Württembergische Eltern- und Betroffenen-Initiative zur Selbsthilfe gegenüber neuen religiösen und ideologischen Bewegungen – EBIS e.V., Postfach 30, D-72663 Großbettlingen, Tel.: 07022/42411 und 47559 (auch Fax)

– Dr. Helga Lerchenmüller Aktion Bildungsinformation e.V. (ABI), Alte Poststr. 5, D-70173 Stuttgart, Tel.: 0711/299 335 Fax: 0711/299 330

Bayern: Elterninitiative zur Hilfe gegen seelische Abhängigkeiten und religiösen Extremismus (EI) e.V., Postfach 100513, D-80082 München, Tel.: 089/559561 0 Fax: 089/559561 3

Berlin, Brandenburg, Mecklenburg-Vorpommern: Eltern und Betroffeneninitiative gegen psychische Abhängigkeit – für geistige Freiheit Berlin e.V. (EBI), Heimat 27, D-14165 Berlin-Zehlendorf, Tel.: 030/8183211 Fax: 030/8154796

Bremen: Sektenberatung Bremen e.V., PF 101543, D-28015 Bremen, Tel.: 04205/1609 (auch Fax)

Hessen, Rheinland-Pfalz, Thüringen: SINUS-Sekteninformation und Selbsthilfe Hessen und Thüringen e.V., Geschäftsstelle: Rechneigrabenstr. 10, D-60311 Frankfurt/Main, Tel.: 069/92105 643 Fax: 069/92105 632

Nordrhein-Westfalen: Arbeitskreis Sekten e.V. Herford – Verein zur Bekämpfung geistiger und seelischer Abhängigkeit, c/o Diakonisches Werk, Auf der Freiheit 25, D-32052 Herford, Tel.: 05221/599857 Fax: 05221/56358

- Sekten-Info Essen e.V., Rottstr. 24, D-45127 Essen, Tel.: 0201/234646 Fax: 0201/207617
- Sekten-Info Bochum, Amtsstr. 4, D-44809 Bochum, Tel.: 0234/578156
- Arbeitsgemeinschaft Kinder- und Jugendschutz (ajs) Hohenzollernring 85-87, D-50672 Köln, Tel.: 0221/921392 0 Fax: 0221/921392 20

Sachsen, Sachsen-Anhalt: Eltern- und Betroffeneninitiative gegen psychische Abhängigkeit Sachsen e.V. (EBI-Sachsen), Heinrichstr. 11, D-04317 Leipzig, Tel.: 0341/6891590 Fax: 0341/6894859

Weitere Institutionen und Anlaufstellen

Für die Beratung in Fragen der Sekten und Jugendreligionen gibt es die »Ev. Zentralstelle für Weltanschauungsfragen« (EZW). Die »EZW« ist eine Einrichtung der EKD und bietet kostenloses Informationsmaterial (z.B. Faltblätter) und Vorträge zu Sekten und Jugendreligionen auch für Schulen. Auguststr. 80, D-10117 Berlin, Tel.: 030/28395211 Fax: 030/28395212

AGPF-Aktion für Geistige und Psychische Freiheit e.V., Grabenstraße 1, D-53579 Erpel, Tel.: 02644/980 130 Fax: 02644/980 131

Katholische Sozialethische Arbeitsstelle e.V., Ostenallee 80, D-59006 Hamm, Tel.: 02381/98020 0 Fax: 02381/98020 99

Staatliche Informations- und Arbeitsstellen

Bundesministerium für Familie, Senioren, Frauen und Jugend, Rochusstr. 8–10, D-53123 Bonn, Tel.: 0228/930 2864/2862 Fax: 0228/9302221

Baden-Württemberg: Ministerium für Kultus und Sport, Herr Carlhoff, Schloßplatz 4, D-70173 Stuttgart, Tel.: 0711/279 2872 Fax: 0711/279 2550

Berliner Senatsverwaltung für Jugend und Familie, Frau Rühle, Frau Kunst, Am Karlsbad 8, D-10785 Berlin, Tel.: 030/2654 2619 Fax: 030/2654 2411

Hamburger Behörde für Inneres, Arbeitsgruppe Scientology, Frau Ursula Caberta, Eiffestr. 664 B, D-20537 Hamburg, Tel.: 040/4288 66 444 Fax: 040/4288 66 445

Rheinland-Pfalz: Ministerium für Arbeit, Soziales, Familie und Gesundheit, Frau Dewald-Koch, Mittlere Bleiche 61, D-55116 Mainz, Tel.: 06131/16 4382 Fax: 06131/16 2019

Sächsisches Staatsministerium für Kultus, Frau Deipenwisch, Carolaplatz 1, D-01097 Dresden, Tel.: 0351/5642715 Fax: 03151/ 5642887

Thüringen: Herr Dr. Schröter, Institut für Lehrerfortbildung, Lehrplanentwicklung und Medien, Heinrich-Heine-Allee 2-4, D-99438 Bad Berka, Tel.: 036458/56234 Fax: 036458/56300